Copyright: Olivier Godichet ~ Marzo 2015

ISBN: 978 -1- 326 – 21051 - 9

*Adam Smith a Ojos de Nuevos Mundos*

# Adam Smith
## a ojos de Nuevos Mundos

Dr. Olivier T. Godichet
humanista empático y enactante

Adam Smith economista sico-moral del siglo de las luces escoces, padre de la microeconomía clásica y padre presumido de la política económica clásica liberal...abusado por cuales teniendo todo, sigan con su acaparamiento y acumulación; mediante explotaciones. Emplearon a Smith para justificarse; pero recortándolo, para mejor ignorar los seres humanos, las sostenibilidades sociales y ecológicas y no dejar que "la mano invisible" de algún arquitecto supremo civilice sus modales.

# Contenido

# Introducción

La comunicación pública o social repercuta, repitiendo de vez en cuando pero no lo suficiente, las dudas implícitas que deberían conllevar las reducciones hechas por los paradigmas sociales. 'Ser sencillo, por el lado virtual o humano artificial' es la enfermedad del nuevo milenio.

Referencia mayor en la economía moderna Adam Smith no escapa al ritual mencionado casi cada 20 años, más o menos, según alterados por los cambios tecnológicos y los pasos más cercanos de las crisis; algunos autores aprovechan de pautas críticas para recuérdanos que el pensamiento de Smith va más allá de la famosa obra 'Riqueza de las Naciones' y que la otra obra mayor, la 'Teoría de los Sentimientos Morales' bien parece contradecir las interpretaciones 'sin piedad' de la más expuesta obra. La que se empleó para justificar los sinos del capitalismo individualista, la división del trabajo, la conformidad al yugo de las desigualdades. Oficialmente el individualismo de Smith debe de ser brutal, ejecutivo. En esa compulsión adictiva de acumulación y profusión de consumo superficial, permitiendo la incorporación económica de sus márgenes desde arriba hacia abajo (trickle down) y de las sociedades periféricas con poder adquisitivo bajo la toda poderosa acumulación y concentración de riqueza.

El título de este ensayo adjunta un resumen extenso  casi una tesis. Pero contrariamente a lo que podría pensar el lector, no me dedicare a desarrollar la argumentación tradicional estrecha. Esa se hizo bastante en las lecciones a favor de la teoría económico clásica que dice inaugurarse con la Riqueza de las

Naciones. Esa economía clásica se estableció en su 'pureza de registro' o "economicismo" reclamado por las políticas de los mundos que se dicen libres y que se reclamaron de Adam Smith y de un capitalismo de libertad en democracias, de capitalismo salvaje a juicio de sus oponentes.

Adam Smith no parece haber escrito para afanarse y maniobrar en una jerarquía académica de ambiciosos. En su "Riqueza de las Naciones" es sumamente concreto y preciso pero, a su vez sabe, con conceptos 'inclusivos', quedarse al nivel de concepto cubriendo variables definiciones posibles, esquivando las que son precisas, obligatoriamente irrealistas con lo de las poblaciones humanas. Tal como las que se resumen supuestamente desde la 'Riqueza de las Naciones' en letra apoda: £ (antes, del siglo y medio que siguió y $ (hoy desde casi un siglo). También parece colocar cortes o formas de decir o escribir que bien podrían ser más analíticas 'deseables' que deseadas por él, tal como las tomaron sus seguidores.

En otras formas de proceder, el busca claridad mientras esquiva posturas cortantes; en donde es frecuente que el academismo desarrollaría muchos 'enlaces de definición subjetiva para rellenar'. Arte retórico de los académicos tradicionales para insinuar sugerencias sutiles o provocaciones para hacer reaccionar, Smith mas invita a manifestar su libre conciencia en el sentido que espera, mientras respetando el 'libre arbitre'. Pero me parece esencial recordar la orientación de Adam Smith y de sus conciudadanos a su sociedad escoses, vigilada por los Británicos.

Artífices de ensayo Adam Smith busca convencer que está en lo justo, se enfoca a lo esencial, esquiva muchas opiniones propias sobre cosas digresivas ¿para ser un economista puro y duro? Leyendo la Teoría de los Sentimientos Morales' tan integra, preliminar y complementaria de la más conocida mas da en pensar que no es así de sencillo. Parece el buscar enfocar hacia algo u orientar su lector a reacciones 'libremente positivas'. La pregunta en seguida de esa obra ignorada es de saber si fueron las interpretaciones que la Historia promovió en prioridad, efectivamente las que Smith esperaban o sino busco, en concreto, liberar los individuos humanos.

O sea parece tener un objetivo moral implícito: el por supuesto de la gracia de algún sistema suyo y ¿cuál seria este? - los estudiosos 'equilibrados' lo reconocen crecientemente como diferente del extremismo liberal clásico, neoclásico o neoliberal. Smith propone un sistema en que él creía, como una utopía implícita o sea un proyecto moral en donde no es difícil de ver que es el ser humano como individuo sico-cognitivo; aunque todavía 'condicionado' por siglos históricos, de formas de política económica brutal, cuales, gracias al poder de las armas aseguraban su 'sobrevivencia' por medio de estructuras sociales guerreras y coaliciones político-militares... mientras emergió, en tiempos del Siglo de las Luces Escoses la posibilidad de una nueva civilización socio-técnica, mas eficaz cuando en paz.

Adam Smith escribe contemplando el pasado desde relatos históricos sobre esas sociedades y nuevas relaciones sobre los 'barbaros y salvajes' que parecen más a lo que se disponía en aquella época de 'ojos de naturalistas', 'religiosos' y 'novelistas de hazañas', debiendo o queriendo intrigar cuando de regreso en su sociedad.

Más allá del proyecto, del sistema y de la utopía, basados en lo que creo un 'entendimiento sutil sico-moral', coherente con lo que sabemos de su vida y de las costumbres de sus tiempos y contradictorio con los modales empresariales de los primeros tiempos de la revolución industrial. Así también contradictorio con lo que actualmente sigue en muchas esferas geopolíticas o empresariales de la globalización de inicio de tercer milenio. Las esperanzas de Smith son discretas en su obra la más conocida, respetuosas de la libertad de pensamiento en la más moral.

Muy importante también, Adam Smith establece esencialmente una metodología de 'ciencias sociales': análisis sicológica y económica con unas premisas de cálculos económicos y una manera de análisis socio técnica histórico que inspiraron y siguen mereciendo inspirar todos los autores y no solamente los del registro especializado. Podríamos decir que unos pueden releer, pero en forma más integral a Adam Smith; para que, conociendo lo que dicen los registros modernos, que se dedican a mejor estudiar los humanos, puedan conseguir otras premisas metodológicas e inspirar nuestros tiempos modernos.

Cuídense, inspirarse de él sería solamente un componente entre las dimensiones de trabajo, que podríamos decir hacia lo del ser humano. Una segunda sería en una metodología y teoría de relaciones sociales, incluso formalizarla, en las estrategias y tácticas de su quehacer personal. Otra tendría que ver con los patrones complejos de las realidades de la naturaleza, captados a través de un formalismo físico-matemático, que se reconoce crecientemente más apegado a las fenomenologías reales.[i] El cuarto pies de una buena mesa de debate siendo en la operación de las acciones en las realidades no tanto como una teoría de la acción, esto en un escrito, es algo débil: la calle es difícil pero real.

Con "Adam Smith" lo que quiero es relajar los nudos múltiples de un pensamiento que se pareció claro a unos que han creído poder liberarse de muchos implícitos y sugestiones discretas pero consistentes del sistema de Adam Smith. Este ensayo también para permitir al lector de contextualizar y entender este pensamiento y reequilibrarlo. No tanto de pretenderme o querer que con los lectores puedan volverse expertos en el pensamiento de Adam Smith, tampoco lo soy, sino que para que podamos dedicarnos a lo nuestro: compartir con nuestros con-ciudadanos, en el abordaje de los problemas de nuestras sociedades.

Así de tener herramientas mentales liberadas de las interpretaciones dogmáticas que exageraron las simplificaciones a manera de poder prejuzgar de modelos excluyentes de sociedad. Modelos excluyentes de sociedad, siempre habrá; pero mejor de querer trabajar en los cambios y las estabilizaciones útiles. Esto pasa quizás, más por lo que se logra hacer y, hacer con lo que se pensó y con logros sin pensarlos en vez de desgastar su tiempo en reverencias o condenaciones... de las interpretaciones más que en esencia.

## Preámbulo técnico

3 series de cortes explicativos injerto (o postergo) aquí:
- Los números latinos de anotaciones de fin de libro son comentarios metodológicos propios de conocimiento epistemo-lógico de las metodologías formales complejas; empleadas hoy en día en muchas ciencias experimentales (o de simulación) de la complejidad pero con mi 'simplexidad'.[ii]
- Los números entre paréntesis que aparecerán antes de ".", son citaciones de « The Essential Adam Smith » Norton & Cpy New York 1986. Essencial con más de 400 páginas, realizada por R.L Heilbronner y L.J. Malone. Son aproximadamente en el orden cronológico de la producción de Adam Smith; salvo que este libro hace anteceder la Teoría de la Sentimientos Morales, efectivamente concebida antes, pero de la versión corregida o sea vuelta posterior a la publicación de « Riqueza de las Naciones ». En anexo el texto ingles de origen. La traducción es nuestra, aunque yo no soy de habla nativo ni ingles ni castellano, pero tenienedo la costumbre de

pensar en, con mi léxico mental en el idioma correspondiente, no tanto de traducir siempre desde el idioma nativo mío.

- pongo también entre [*notas de situación obtenidos en su mayoría de B. Lenman Batsford «An Economic History of Modern Scotland 1660-1976» publicado en 1977 London o de mi conocimiento previo.*]

## Génesis de las Obras y del Pensador

Adam pasó a la historia como el fundador de la económica clásica. Pareció aportar una trama pragmática, consistente, realista con respecto a las conductas humanas. Su obra más conocida: "La Riqueza de las Naciones" pareció validar los recortes moralistas y 'liberar los ingeniosos' del capitalismo naciente... a manera que los individuos (implícitamente actores más relevantes) se dediquen o reciban el apoyo de los (individuales implícitamente fuera de recursos monopolísticos) detentores de capacidad de inversión. Mientras las unidades productivas bien organizadas por la división del trabajo (implícitamente a escala de maestro de producción) iban a estructurar la sociedad, al máximo dedicada a la producción útil (implícito sutil) y ser al mismo en seguida de remunerar los intereses privados (implícitamente del máximo).

Pero, además de observar efectivamente, parece anticipar muchos de estos rasgos del desarrollo capitalista que siguió, históricamente o histéricamente los lectores Smith tuvieron mucho menos respecto de los implícitos. Más se observó que las 'masas rurales' (no es el término ni el concepto de Smith) del desarrollo primario capitalista industrial fueron "absorbidas" con gran brutalidad en los procesos de cambio de una revolución industrial en su caso escoces adjunta a la inglesa cercana y Escocia logro por lo tanto alcanzar buen rango en la estructuración británica de su imperio mundo.[iii]

Este esencial extenso de la obra, que empleo para mi investigación no se limitó a la obra que más fama le trajo a Smith (la Riqueza de las Naciones) sino que ofrece leer igualmente mucho de la Teoría de los Sentimientos Morales y algunos materiales más. Lo que es mucho mejor para entender como Adam Smith pretendía que funcione su sistema, (en tanto que allá sistema), más allá de los argumentos tradicionalmente empleados por los adeptos del "progreso a ultranza" que siguió.

La Teoría de los Sentimientos Morales antecedió de mucho (publicado originalmente en 1759) la Riqueza de las Naciones (publicada en 1776). Pero en seguida de los honores, los cargos y las rentas de los oficios que la segundo obra trajo a Smith, fue la Teoría de los Sentimientos Morales que Smith revisó. Por eso de creer que esa revisión no fue tan como para corregirla sino que para consolidar su legado a la humanidad de su sociedad.[iv]

Las dos obras de Adam Smith son prolijas en páginas pero el número de sus obras es muy limitado; a estas dos Smith dio toda su atención. Además de esas nos llegó (y no hubo) no mucho más que, el borrador de una memoria sobre la historia de la astronomía, un breve tratado de jurisprudencia (estas dos antecedieron las obras mayores) y algunas cartas de una correspondencia 'escasa'. También el no parece haber escrito sobre sí mismo, por lo que poco se sabe de sus preferencias, de su sinceridad o con respecto a su supuesto cinismo.

El autor de este ensayo no se quiere reducir a un aficionado post-modernista ni tampoco a un especialista del sujeto. Ese ensayo no es el de algún 'paparazzi tras los siglos' ni de un "hagiógrafo de facultad" sino que de quien vive la globalización del post neoliberalismo. Mi investigación proviene de alguna oportunidad de viaje y tiene otros motivos. Por eso empleo una compilación esencial difícil de descalificar.

De Adam Smith sabía algo, no tanto. De su entorno, más especialmente por el lado de la Historia de las Ciencias cuando el llamado 'Siglo de las Luces' sabía algo más. De cosas de humano y de mecanismos de funcionamiento cognitivo sé bastante.

Es lo que me permite equilibrar los sueños de Adam Smith más allá de la economía, que también estudié. Concretamente he escogido 30 extractos (algunos compuestos) 'más serios' para los lectores que podrían querer tener una representación más equilibrada del pensador escoces. Smith se quería universal y podría seguir siéndolo si incluiríamos las 'buenas contradicciones'.[v]

Heilbronner editó ese esencial para lectores modernos actuales. Seleccionó en las obras de Smith lo más relevante para transmitir una perspectiva integra del pensador a un lector actual. En 1986 fecha de este esencial estamos al medio del intento de revolución neoliberal; podía ser difícil de pensar que esa selección estaba dirigida a los post-modernistas de la época[vi]. O sea más el proyecto se dirigía cuando los primeros estragos de esa llamada revolución neoliberal eran evidenciados y, quizás porque estos mismos autores neoliberales se reclamaban de Smith. Aunque que Heilbronner historiador de la economía sigue catalogado en «otra confesión» no vacila en admirarlo (de la misma manera que lo hace para Karl Marx).[vii] O sea: más allá de la honestidad intelectual de su selección, tiene también buena autoridad para encontrar las 'buenas contradicciones' que evoqué.

Como autor de este artículo, tengo alguna cultura de la historia de una parte del dicho continente 'Europa'; también viví en otras culturas, o sea; puedo tener errores en mis situaciones como en su validez con respecto a Smith; pero, como corresponde a un pensador comprometido, lo que debemos querer es aclarar nuestra actualidad.

Revisar en socio-economía no es para cualquiera razón científica perfecta; sino que un medio entre los humanos las sociedades presentes y para las venideras; o sea con todas las precauciones debidas para esas que actúan para ellas que vienen. Seamos humanistas y económicos: las verdades humanas sobre nosotros mismos son efímeras, a la medida de la fragilidad de las vidas humanas. Especialmente en los lugares que me toco visitar en las márgenes donde ocurrirán algunos desastres de la globalización.

Debemos todos cuidar que el verbo no dañe tanto como lo pudo hacer o que los "resúmenes operativos extensos" que son en forma más o menos escondida, los análisis de ciencias humanas sirvan de algo; con mínimos efectos adversos producidos por malas interpretaciones. Mientras se nos permita decir que los 'resúmenes ejecutivos' de los administrativos y de los expertos son frecuentemente socialmente (y económicamente) absurdos.[viii]

Así como quiso serlo Adam Smith: inscribir una ruptura positiva en las vías históricas dolorosas, para sostener las premisas de un mundo que cualquier uno que comunica siempre dice esperar mejor[ix] ... hasta la crisis final. La ampliación de perspectiva que intento aquí, con respecto a Adam Smith tendrá por efecto de decir que no creo que lo que ocurrió socialmente con la revolución industrial fue como el lo quiso. Hubiera sin él, existido otro escrito aparentemente premonitorio, quizás con menos calidad y peor calidad de autor[x].

El éxito de mi ensayo será más bien con que los que, tanto lo reverán, reconozcan que la utopía de Adam Smith tenía implicaciones humanas bien necesarias pero que fueron despreciadas. También si los que tienen un estereotipo de ciencia comprobada entendiendo más del arte sutil de Adam Smith y así, quizás, sean llevados en pensar que él no hubiera aprobado todas las amplificaciones que se hicieron en su nombre. Para ambo partidarios de realizar que las dos obras son complementarias.

Mientras que mi éxito acerca de sus 'dichos enemigos' bien podría ser en que me permitan insinuar que ellos, de encontrar Adam Smith 'con su todo, en las calles de hoy; podría disfrutar de su reflexión; en vez de culparle de estragos de 'mago'. Que estos intentan de entender, con él, mejor sus propios problemas de desarrollo humano. Pueden emplear a Smith para obtener algunas ideas interesantes empleándolas tal como él hubiera esperado que se emplean. Por supuesto no todas para hoy en día pero muchas y muy relevantes.

[*Smith inscribió claramente su obra en sus tiempos del Siglo de las Luces Escoces, en buena continuación con los demás en especial de su mentor en la sociedad de Edimburgo y amigo David Hume. Hume escribió mucho sobre política y economía para promover la libertad de intercambios... y que Escocia pueda comprar los granos que necesitaba para su población a buen costo; fuera de las combinaciones de los productores o monopolios intermedios. Adam Smith no es de los primeros en la cronología de estas ideas y no las sostuvo sin a ciegas.*]

Pensadores para anticipar las dificultades futuras también hubo, sin esa especie de hiperinflación de literatura del siglo XXI. Pero la especial buena densidad de pensadores tolerantes con mente curiosa de este periodo en este contexto del siglo XVIII en Edimburgo tiene mucha relevancia. Esas personas hicieron una corriente de pensamiento que produjo buena emulación y mucha tolerancia. En la palabra de Voltaire sobre la defensa de la libertad de pensar del contradictor; se pudo publicar en Edimburgo obras disonantes. No fueron despreciadas por Adam Smith por motivos ideológicos.

[*Tal como la anticipación de los peligros del liberalismo económico y de la emergente revolución industrial así el libro de Fergusson sobre la Historia de la Sociedad Civil que salió en 1767.*]

Esas advertencias y la conciencia que Smith podía tener efectivamente claras algunas dificultades de su sistema; creemos que él pudo hacer una apuesta tal como ¿no podría mejor pasar humanamente...si se deja el individuo espontaneo sin o con menos efectos de grupo u social (nobles, jefes de clanes, reyes, monopolios) y, con esto, más dependiendo de la buena voluntad de todos? – y de cierto sistema de justicia.

Después de leer el Esencial Adam Smith y antes de aportar al lector mí muestra de citaciones; lo que pudo llegar a mi mente fue: ¿pudiera ser Smith el primer 'utópico tuto-pista' de la economía moderna? No tanto en el sentido 'profeta clarividente' que asumen sus aficionados oficiales.

De hecho elaboró su Riqueza de las Naciones concentrada y rigurosamente enfocada a un registro de los mecanismos observados e interpretados como necesarios para la mejora de las producciones económicas humanas[xi]. Con sus acciones y reacciones directas, indirectas y paradójicas. Obra maestra porque no se dispersa ni desgasta en una construcción desordenada de cosas sin lógica e incompatibles sobre las naturalezas humanas.[xii]

El esencial tiene también un anexo de las citaciones que se volvieron los dichos los más comunes de la jerga liberal individualista de los últimos 2 siglos. Mi lectura de socio-economista y segundo nivel de selección coincidió con algos, no excluyo este anexo[xiii] pero discrepa: hay muchas cosas más interesantes que la sencilla brutalidad de estos dichos anecdóticos al servicio del paradigma clásico.

El sesgo mío espero procede más del interés del metodólogo para las premisas (metodológicas pues) o las necesidades de complemento a los prolegómenos (escogidos por el paradigma clásico), para entender el proyecto y el sistema de Adam Smith. Sin necesariamente compartir sus esperanzas o su utopía. Tengo sobre Smith la ventaja de saber lo que dio la Historia que lo siguio. Le dio razón en muchas cosas pero no tanto a la 'utopía' sino que más bien a lo que podía esperar ver reduciéndose sin confrontación[xiv] : la violencia de las relaciones humanas. Mientras tanto hubo muchas reducciones por parte de gente que no han leído a la obra de 'entorno moral' ¿sería simplemente la utopía las cosas esperadas que no se hicieron por desprecio?

Como uno no se puede pasar de 'sentir algún contexto relacionado' en la sico-biología 'enectada', esa lectura se llevó a cabo, en las luces de un mes de diciembre en Escocia 2014. Para sentir allá el peso histórico de las realidades que quedaron y que parecieron dar razón al pensador. Complemento bien útil de "en-corporalmente" activo (eso significa la enacción), tal como el dado por los postales turísticas.

¿Postales turística? Pues sí, porque son como una pantalla de puntos de referencias arquitectónicamente 'felices o estéticos'; mundo ideal vuelto real y observación desde la calle o desde dentro de los edificios de la ciudad que bien sabemos no se remontan mucho de la época de Adam Smith, pero que de alguna manera son los legados históricos de un sistema económico que mucho se reclamó de él y que él quiso efectivamente influir.

¿Habría en las calles de Edimburgo, Aberdeen o Glasgow unos rasgos culturales o actitudes, transmitidos a lo largo de los tiempos? Uno debe tomar sus precauciones, tratar un razonamiento analítico, contrastar cognitivamente como se pudo pensar de esa manera, cuando teniendo un conocimiento suficiente de hechos mencionados en las literaturas sobre la 'otra época' y emplear el privilegio de la analogía. No pretender a la verdad de estas otras personas en otros tiempos sino que para dedicarse a lo social suyo, reubicar, traducir en su realidad.

Quizás en estos cementerios al medio de las ciudades modernas de Edimburgo, Aberdeen; donde yacen los burgueses 'distinguidos' hay fantasmas de su epoca. Pero no olviden que esas tumbas podían ser gente que hoy en día no se colocaría en la misma 'clase social'. Son esas tumbas ahora casi en el centro urbano mismo; sin que se quiera esconderlas; cementerios de iglesias preservadas.

Así de los restos de Adam Smith en el cementerio de la Iglesia de la calle de Cannongate, primera calle que sale de la avenida del puente mayor de Edimburgo. Este une por encima de la estación de ferrocarriles, las dos partes del centro urbano. Esa calle baja hasta el parlamento escoces actual de Holyrood, barrios modernos rodeandos, apegados a los históricos que siguen para algún tiempo mostrando el viejo mundo.

Otra cosa bien útil para ubicar el lector es la importancia actual que se da a los estudios históricos locales. Abundan en las librerías o las excelentes bibliotecas de las ciudades. Un solo vistazo a las caratulas y subtítulos de esas muchas decenas de obras resume siglos de recién historia y el que tiene en la mente bastante datos dispersos, empieza a construir una trama y ubica más fácil y rápidamente los asuntos y problemas los más relevantes, sin que sea demasiado necesario de leer todo[xv]. Lo puede hoy en día porque los métodos de la historia bien ahora producen monografías más cuidadosas con la información social.

Muchos de mis comentarios vienen de mi entendimiento (aproximativo) de culturas y de cosas que la memoria 'al paso de la angustia de no perjudicar con mis errores ideológicos' y la luz de la organización geográfica espacial o de la historia (que suele desplazar sus criterios[xvi]). Adam Smith era de estos caminantes pensativos, distraídos por sus ideas, hablando en voz alta en la campiña de su pueblo (Kircaldy). Pensaba el, en cómo las cosas podían no parecerse al bullido mediático geopolítico, los mismos estereotipos de su tiempo, sin tener ambición de poder decidir cómo debemos pensar[xvii]. Parece muy con eso: respetar el pensamiento del otro que se le otorgo temprano en sus vida de estudiante precoz.

La dificultad de los ejercicios con las biografías es que o bien reflejan una postura partidista (o sea la estrechez o debilidades del especialista o del experto); aun cuando no sirvan una ideología, o disfrazan y pueden ir muy lejos en las apariencias científicas de la justificación; cuando quedándose en su registro de explicación, por no poder totalmente meterse en la mente del momento en que el pensador paro de considerar su página, se satisfecho y paso a la siguiente página.

Mi postura es también sesgada aunque de otra forma: me preocupo de la actualidad y de confrontar ideas para re-hacer mejor o 'no cambiar' pero a manera de dejar hacer diferente, mientras fue el contexto que cambio, cuando la propuesta siguió pertinente. Noten bien que somos fuera del determinismo que cree, ilusionándose, bien operar en la certeza de las convicciones de los seudos científicos. O sea no somos tanto, en ese ensayo, para justificar o para querer escribir la historia verdadera.

Es algo como una propuesta de «mano invisible» (aunque soy bien consiente de algo semejante al arquitecto supremo es y será necesario para muchos) en un concepto de micro-regulaciones de cooperación positiva no contrario al «pensamiento universal». Incluso un agnóstico puede esperar alguna necesidad de concepto humanista unitario o de comprensión coherente, no demasiado improbable; mientras un creyente lo puede llamar Dios, se entiende y creo que Smith también pensaba que podía ser Dios.

Ahora bien, antes de profundizar la trama histórica, política y religiosa de los tiempos de Adam Smith es necesario procurar algunos elementos geográfico-históricos de Escocia. Son importantes para entender como la diversidad micro-regional, aún más importante en la época proto-industrial como para representar un mundo de 'micro-impulsos micro-económicos complementarios y coincidiendo'; en un mundo en una construcción casi espontanea que tiende a unificar alguna dinámica de desarrollo nacional común.

Cuando el auge industrial, esa variedad de opciones proto-industriales servirá mucho, en su momento, para poder ser 'canibalizada', tal cuando Escocia será en búsqueda de sacar provecho del nivel imperial mundial que toco a Inglaterra lograr.

Así como, en tiempos de Smith, de aprovecharse de formas despreciables de establecer riquezas de las naciones como con la esclavitud, el tráfico de personas de todos tipos, las guerras y las prácticas comerciales impuestas. Esto permitirá seguir con un capitalismo 'Moloch' donde la libertad de los demás ¿negados en su identidad individual? no tenía para que ser genuina ni respetada (¿aún más cuando no siendo de la 'buena clase de gente emprendedora'?).

O sea la tendencia pesada de armonizar y apoyarse sobre el desarrollo previo, para alcanzar las escalas superiores en un país pequeño como Escocia, hubiera podido no lograrse si se había quedado con unas pocas opciones y demasiado expuesta a la una u otra crisis periódicas que afectan el capitalismo (bien a misma de extenuar tal of cual región perdedora). Pero estas formas duras de desarrollo posteriores a el quizás no tales las pensó Adam Smith para su Escocia.

Siguieron una maturación y 'mucho después' un decaimiento industrial que se produjo durante el siglo XX. El ajuste 'eficaz' como hubo al fin del siglo XX del Reino Unido (reclamándose de Smith además) mientras la liberación neoliberal más produjo desindustrialización masiva. Pero si hoy en día la Escocia primaria o industrial se salvo quizás es más por los descubrimientos de hidrocarburos en el Mar del Norte que por las virtudes del nuevo sistema de servicios financieros del sureste de Inglaterra, desde la City de Londres (que esta entre los Estados Unidos, Europa y el Commonwealth).

## El Pensador y su Entorno

*[Geográficamente Escocia tiene:*
- *una microrregión más bien algo 'escandinava' al noreste, sobre el mundo del Mar del Norte, Noruega es cerca y al lado los países bálticos; en islas tales como los Shetland o Orkneys tradicionalmente más con la pesca de allá venían sus poblamientos; conecta al resto de Escocia por una red de ciudades puertos desde, Inverness hasta Leith (puerto de Edimburgo) pasando por otros: puertos de cabotaje, sean más arriba en el estuarios o justo en su desembocadura: Dundee, Aberdeen;*
- *la región gaélica con los Highlands e Islas del Noroeste, está en mirada o en competición con Irlanda del Norte; su referencia urbana es Glasgow y en estos tiempos esta ciudad algo en el trayecto marítimo de las nuevas colonias norteamericanas: será esa ciudad que pasará a ejemplificar la Revolución Industrial en Escocia;*
- *La estructura montañés de los Highlands es cortada por 2 o 3 grandes fallas corriendo de noreste a suroeste donde se encuentras los Lochs (lagos);*
- *Escocia, especialmente la al norte de la línea Edimburgo-Glasgow (su más bajo punto de convergencia en la antigua capital de Stirling cerca del medio de esa línea); no es buena tierra ni buen clima para tener carreteras por la época de lluvias y frio; la gente se replegaba en sus habitaciones con sus animales;*
- *cuando la primavera y el verano en los Highlands de trasmontar las algunas cabezas de vaca y en promedio dos ovejas por vaca y; llevar los productos de la industria casera y crías para vender a los mercados de las ciudades (a pies o a caballos, a espaldas y a lomos, por caminos, o cuando*

posible por las costas o pequeños puertos en cabotaje pequeño;

- las tierras bajas (del Sur) son en buena relación con el mundo anglosajón, presencia la capital: Edimburgo, que en efecto no es a más de 74 kilómetros (47 millas), al este de Glasgow (que está en esas tierras bajas);

- en el siglo XVIII de Adam Smith la estructura urbana es compuesta de un tejido extenso de pequeños pueblos y medianas ciudades algo autónomos (pueblos de clanes, con ordenanzas reales), sin la macrocefalia que podía representar Londres con respecto a Inglaterra, Edimburgo se queda algo bien proporcionada: no absorba todo;

- las diversas ciudades presencian un mercado, por experiencia de crisis alimenticia, la administración impulsa, a mediado del mismo siglo, una buena recopilación de precios promedios practicados en el mercado local;

- las estructuras sociales 'post-feudales': de clanes que eran con sus nobles en inter-relación clientelista; sufrirán de los primeros procesos de cambios agrarios'; la "modernización" se hace sentir ya en los años 20' del siglo XVIII y romperá los acuerdos agrarios tradicionales, para que ciertos nobles empresarios recuperen sus propiedades: 'reforma agraria' legalmente poco difícil de esquivar, eran 'sus tierras' cuando en otros países fue de expulsar colonizando las 'comunales'].

En lo que concierne la familia del pensador, su padre es juez (o funcionario de aduanas), funcionario público de una pequeña ciudad: Kircaldy; mientras su madre es de buena familia local. Tras la muerte de su padre, cuando Adam Smith tenía apenas dos meses de edad, pasa a ser hijo de una viuda (respetada). Cuando alumno, mostrará un genio de erudición precoz y podrá ir a estudiar cerca de un familiar más urbano y entrar pronto en la Universidad de Glasgow.

Gracias a un profesor sosteniendo la libertad de pensamiento de sus alumnos, se pondrá, joven, en contacto con los miembros más relevantes del Siglo de las Luces Escoses, la mayoría en Edimburgo. Corriente provincial, profundo y original en su inscripción humanista y "burgués"; burgueses como habitantes del pueblo.

Desde Glasgow logra una beca para el Colegio Baillol de Oxford. Su estancia de 3 años en esa Universidad le facilita el estudio; sin imperativo de notas o graduación pero con el recurso de una excelente biblioteca. La vigilancia académica no va más lejos que de controlar la moralidad de sus estudiantes; en especial cuando se atrevían a leer las obras tan inapropiadas como las de la gente de Edimburgo; en especial del que paso a ser mentor y amigo: David Hume. Pensadores sospechables de una provincia 'atrasada'. Estos recibirán mejor aprecio por parte de la Historia.

El contexto social del periodo de su vida es algo bueno. El Reino Unido a mitad del siglo XVIII esta con frecuencia en paz, las guerras peores son lejanas, los conflictos son con el primer imperio mundo (en el concepto del politologo Wallerstein), el de esa época son los Países Bajos. Las guerras son algo limitadas; Escocia logra discretamente mantener sus relaciones comerciales, mientras estas. Después, habrá la guerra de independencia de los Estados Unidos (pero ya Smith en su madurez y algo reconocido).

Los modelos cercanos para Escocia y Adam Smith son tanto en los Países Bajos que las colonias de la Nueva Inglaterra (refugio de 'comunidades libres' y protestantes micro-emprendedores. Recogerá también algunas ideas del Siglo de Las Luces francés.

Pero el terreno de juego de los análisis sociales de Smith está en las cercanías y en las premisas del desarrollo industrial como en Glasgow ¿para esperar que podrían civilizar los humanos?

¿para imaginar cómo apoyarlos o mejor dicho que sean apoyados por las fortunas en stock?

De hecho generalmente en Europa, las máquinas complicadas y eficientes no faltaban. El maquinismo que podía faltar para el acceso a la Revolución Industrial 'de verdad' era el que permitió acceder a unos recursos energético masivos ('stocks' para empezar, con del carbón entre otros ¿cómo el concepto de Adam Smith?). Mientras tanto en sus principios necesitando ser lo suficiente económico o lo suficiente apoyados por financieros que no quiebran: para que los maestros de máquinas elementarías futuros ingenieros, bien rodeados de algunos (no demasiados) obreros, tengan el tiempo para poder mejorarlas y meterlas en apoyo al funcionamiento de los 'conjuntos de división del trabajo'.[xviii]

Después de un puesto de encargado de cursos de filosofía moral en Glasgow (donde compuso su Teoría de la Sentimientos Morales); Adam Smith, por motivos alimenticios, pasa a dedicarse a la educación de uno hijo de aristócrata, pocos años pero esto le da la oportunidad de viajar al continente con el y encontrar los pensadores del Siglo de Las Luces francés.

Bienvenido en los salones parisinos tendrá intercambios con los fisiócratas (liderado por Quesnay) y otros precursores de la matemática social. Al respecto de esa formalización Smith habrá estudiado las matemáticas en Glasgow, pero no pasa a formular sus conceptos cuantitativos (¿por demasiado sutiles?). Lo pretenderá hacer para él, Ricardo ya cuando las matemáticas habrán avanzado (Walras aportó un 'complemento diferencial infinitesimal').

El 'imperio mundo' de los Países Bajos es más comercial. A tal modo que parece que Adam Smith tiene más admiración para este sistema (o sus modales y valores de burgueses protestantes humildes) que a los emprendedores de Londres.

Unos 3 'pequeños periodos' de guerras anglo-holandesas se terminan con ese a inicio de los 60'.

Las colonias norteamericanas, salvo el inconveniente que su "protección" extrae del presupuesto público británico, son otro modelo. Noten que podía parecer audaz en los 60' y fines de 70' tener esas referencias demasiado explícitas. La guerra de independencia de los Estados Unidos de Norteamérica surge cuando la 'Riqueza de las Naciones' sale publicada. Quizás, esa obra, por recibir una acogida extraordinaria, sirvió para no encerrar Inglaterra en algún proyecto compulsivo de revancha contra los jóvenes Estados Unidos. Esa, mas se ejercerá contra el aliado de los Estados Unidos cuando las guerras contra la primera revolución francesa y seguidas por las guerras napoleónicas.

Las partes del mundo llenadas por barbaros y salvajes parecen mal conocidas por Adam Smith, salvo ciertas cosas sobre las sociedades 'indias' de Norteamérica. Quizás porque las relaciones sobre costumbres extrañas vienen de relatos poco fiables o mal interpretados por el pensador. A menos que su estrategia cuando en su catedra fue de no dispersarse con demasiado heterodoxia y de propiciar alguna complicidad con el público, gracias al uso de estereotipos sobre los 'salvajes'.

*[Después del alto nivel del arte de la retórica medieval (donde a su vez exageradamente reducida a "obscuridad"; después del Renacentismo (con la transmisión de una enorme cantidad de filosofía 'más natural' griega, gracias a los cuidados de las civilizaciones islámicas, etc. En seguida la producción más científica (anatomista, numérica y física del siglo XVII para llegar al siglo XVIII.*

*Politicamente para el Reino Unido es la fusión del parlamento escoces al de Londres (y su desaparición de Edimburgo en 1707). Parlamentarismo eficaz e intervencionista, algo más democrático que el resto de Europa pero dispensador de* policías, de políticas económicas o sea distribuyendo facilidades y monopolios; incluso cuando fuera de los periodos conflictivos. Pero ya con alguna tolerancia para la circulación de las ideas y de los conocimientos o, más bien, tolerando albergar los intelectuales continentales en negociación de perdono con sus gobiernos absolutos respectivos, mientras el francés la lingua franca 'superior', poco hablada por el pueblo. Probablemente sirve que las ideas sean transmitidas en un idioma poco practicado por la gente común, cuando lo que preocupa es la sedición interna y popular.

Asi Escocia inaugura este inicio del siglo XVIII, después de la última rebelión jacobinista que fue en apoyo a un príncipe de la dinastía católica previa del trono de Inglaterra. Ciertos nobles escoces se habían metidos en este intento de restauración. Derrotado el intento es una intervención masiva de Londres: expropiación de las tierras de los nobles comprometidos; especulación y gran corrupción con las mismas pero promoción de la religión protestante, como una manera de cambiar las relaciones de clanes. Pasadas las ansias de nuevos disturbios, hubo algunas restituciones de tierras a sus propietarios previos y esa administración central más busco la promoción del desarrollo agrario y de la industria (en especial rural) pero con poco éxito.

En Escocia coinciden así todos los grupos con recursos para emprender en mejoras de sus ingresos, o sea tanto:
- los aristócratas para emprender reformas, incluso agrarias en sus tierras; muchos porque sus rentas sufren de la comparación con los aristócratas ingleses; otros porque escoces; otros porque este siglo de las luces y sus nuevas ideas les convence y con eso apoyarán las iniciativas modernistas;
- de la misma manera, los acomodados de los burgos o burgueses, de semejante forma invertirán en tierras más alrededor de las ciudades en desarrollo, introduciendo

*mejoras y cambios; son o se vuelven empresarios locales, ultra-marinos o industriales, transportistas, mercantes, etc.*

*Una sociedad de promoción del conocimiento agrícola aparece en Edimburgo en 1723. En adelante es semillera en la definición de políticas agrarias o comerciales u otras para Escocia]*

Adam Smith se interesa a su sociedad, se implica en apoyo a las dinámicas sociales de su entorno, universitario en la vida universitaria tanto como en su residencia rural, cerca de su madre se dedica a sus ideas. Caminante pensativo cuando en el mundo rural, está también en busca de incorporarse a su universo académico, participa en la vida social, parecería algo mundano. Es inquieto de las alianzas o grupos de presiones, individual algo irónico, actúa muy en forma de libre pensador que respeta las otras opiniones, apreciado por sus modales y benevolencia. Modales intelectuales bien poco agresivas, sin clanismo ni forma de promover discriminaciones de algún tipo, que se asemejaría a la pertenencia a un grupo de poder especifico o a una lucha de clase y sin el cinismo de un ambicioso universitario muy atento a complacer.

En la selección revisada no parece preocupado por echar las bases de una antropología humanista sino que busca entender los mecanismos los más básicos de una economía pacífica y prospera para todos. Aunque tenga ciertos prejuicios tal como la satisfacción de vivir en la más avanzada civilización en lo del humano, como individuo es 'trans-categórico': no busca fortalecer las discriminaciones o luchar para tratar de 'desaparecerlas' de manera cortante; sino que progresivamente con prosperar todos, incluyendo los más humildes de recducir muchas. Concibe más en implícitos, alguna construcción social no predestinada. Especialmente no como desde una doctrina impuesta por afuera sino como forma de aglutinación de dedicaciones a sus intereses propios, dentro de reglas universales e iguales entre todos. Más parece buscar espontaneidad y economía que obligaciones impuestas desde 'sesgos masivos'

Sus dos obras mayores parecen también avanzar argumentos dirigidos a potentes, políticos y parlamentarios, además de sus alumnos. Sus implicaciones sociales son en los debates universitarios y sociales de su tiempo. Parece tener una personalidad y un estilo para debatir con ideas (dialéctica), está en desacuerdo con muchos, en ocasos con David Hume, pero siempre en pleno respecto de las opiniones de cada cuales y para no producir reacciones adversas negativas.

Así tal como podría ser en sus obras mayores, en relación a la introducción de una utopía social (que otros llamarían esperanza). Utopía en entredichos pero obras para apoyar el desarrollo de todos los empresarios proto-industriales, cual que sea su rango y convencer: los burgueses, aristócratas o toda gente con recursos, de apoyar cualquiera gente que produce. O sea de convencer 'inversionistas' y poderosos de guardarse de intervenir mediante monopolios, influencia de políticos, como miembros del parlamento o del gobierno. Se trata de no confrontarlos. Para que las producciones no encuentren más que las dificultades debidas a la misma producción su organización y que la división del trabajo alcance mejores niveles de producción para todos; producción de consumibles para todos, es esa la mejor.

Conoció el maestro de prácticas empleado por la Universidad de Glasgow, probablemente también de sus dificultades así como de los lentos procesos de mejora de las máquinas de Newcomen. El qué tendrá que ir a trabajar en Birmingham: James Watts. Bien Adam Smith leyó a Newton y demás científicos cercanos, cuando para intervenir en el debate sobre los currículos que las universidades escoceses; debian proponer a los alumnos. Smith siendo muy por la incorporación de las ciencias y menos, para cosas muy dogmáticas o religiosas.

*[Newton bien logró que sus ideas sean extraordinariamente difundidas en Europa continental gracias a los científicos, cuando el siglo de las Luces, a pesar de modales algo discutibles.*

*Por efecto del acceso de los protestantes en las universidades escoces y con relaciones a las universidades semejantes del continente; hubo debates sobre los contenidos de materias enseñadas y junto con otros sociales y públicos, sobre el desarrollo de Escocia; en las universidades de Edimburgo, Glasgow, Stirling o Saint Andrew]*

Dentro de una sociedad de ciudadanos que, en aquella época británica, era muy desigual, pero tenía democracia mediante representación parlamentaria; donde el mayor peso venia de la Casa de los Lords. Mientras las buenas premisas socio-económico-productivas de Adam Smith eran en las nuevas colonias norte-americanas (no en el sistema colonial ibérico) y los países bajos (más que en Londres). Salvo, por supuesto, cuando tratándose de patria (o de amor a la patria). Adam Smith es escocés pero ningún independista, en lo económico bien reconocía, junto con David Hume la ventaja se estar con Inglaterra (mas valia también).

*[La nueva dinastía en el trono del Reino Unido busca terminar con los episodios de rebelión escoceses. A inicio del siglo XVIII una administración se manda para administrar las expropiaciones de los nobles escoses de la rebelión jacobinista produciendo muchas especulaciones de tierras y crisis. Un proyecto de colonización en Darién casi al final del siglo XVII había dado un desastre para los inversores escocés y seguramente quedaba en las memorias. También hubo una*

*enorme 'burbuja del Mar del Sur (¿y con las Tierras expropiadas?) se desinfla en la segunda década del siglo XVIII.*

*Las ansias de rebelión decreciendo, los administradores de la Corona Británica buscaron nueva legitimidad; tal como con el impulso de las industrias, sin mucho éxito pero creando precedente y a la larga, reintentos o expansión. Mientras se podía también resumir el Estado del Reino Unido en Escocia a muchas manobras brutales de poder, intervenciones sistémicas fueron a ciegas; historia de conflictos agotadores en vidas humanas; tanto cuando Escocia independiente en guerras civiles de successión o cuando luchando contra Inglaterra.*

*Algunos siglos llevan a entrelazar, las familias reales, familias aristócratas escoceses pudiendo pretender al trono escoces. Las dinastías que se suceden en el trono inglés (a partir del siglo XVIII la procedencia de la casa real es más continental). Después de la república parlamentaria brutal de Cromwell, un restablecimiento del Reino le parlamentarismo fortaleciendo (desde la Carta Magna). Todavia en aquella época de Smith nobles representando, interventores y su cámara definiendo toda apertura comercial y muchos monopolios.*

*La 'Iluminación Escoces' así se relaciona a gente emprendedora tanto aristócratas como burgueses, empresarios, mercantes, administradores. Hasta las administraciones de los pueblos (burghs) emprenden (esas no parecen afectar Smith) y Smith vive cuando podría ser útil de hacer entender a la administración central inglesa de no mal-interpretar, ni interferir, con políticas económicas; cuando muchas, aunque bien intencionadas, fracasaron. Así como de liberalizar la importación de granos; para bajar los precios; especialmente cuando las crisis, se lograba, pero en seguida restableciéndose. ¿En seguida? - la idea de liberarse del todo del control de las importaciones para tener mejores precios para consumidores, poder alimentar*

*Adam Smith a Ojos de Nuevos Mundos*

*obreros y competir con otras cosas: mejores métodos de cultivo, etc.*

*Así de la introducción del cultivo de la papa; al inicio alimento para criar cerdos y seguidamente de consumo de los pobres o incluso promovido en Francia cerca de la aristocracia del Siglo de las Luces. El siglo XVIII observa un auge demográfico prolongado y significativo en general del siglo XVIII a nivel europeo (¿sino mundial?) para seguir exponencialmente despues.*

*En Escocia la agitación económica es probablemente muy cooperativa, no demasiado coaccionada. Los aristócratas y demás personas lo hacen para la producción agraria, la cría y la industria casera rural, o para impulsar 'mejoras' aunque reordenando el espacio agrícola. También los con muchos 'stocks' pueden financiar la creación de los bancos comerciales. El Banco Real de Escocia aparece en 1727. Otros bancos comerciales en los años 50' del mismo siglo. Los mercantes se establecen empedradores periurbanos. Las empresas pequeñas y medianas florecen; en relación a los intercambios alrededor del mar del Norte. Las comunicaciones y transportes pasan mejor con el cabotaje entre puertos de estuarios.*

*Se observan 'pulsos' cortos (como ciclos económicos) de intercambios económicos entre regiones por efecto de cambio de estación. Esto bien podría facilitar la programación de labores asociados a los ciclos agrarios: los flujos son estructurantes y coinciden con los intercambios (para regularizar los precios). Llega en aumento el comercio de las nuevas colonias norteamericanas. En especial para Escocia es tabaco y posteriormente algodón. La paz en el continente facilita el comercio de lino, la lana y de los tejidos escoces, etc.*

*Todo esto merecia aliviar las barreras a los intercambios y se necesitaba menos interferencias de parte de un Parlamento en Londres. El cual actúa como tribuna de intereses monopólicos contrarios. Por ende, de motivar la vocación de unos abogados intelectuales en donde Smith no es ni el primero ni el único.*]

## ¿Proyecto Ideológico?

Aunque pragmáticas y 'sencillas' en apariencias hay, en las sugerencias de Smith muchos implícitos: gobierno de los asuntos de la sociedad por los burgueses como distinguidos notables, condición de lograr convencer los poderosos 'ajenos' (aristócratas, Casa Real Inglesa, parlamentarios, probablemente universidades hermanas continentales); para dejar los escoceses emprender con lo suyo.

De entender el lector que los 'modales' de simplificación de aquella época eran otros, más bien religiosos, no como hoy donde somos todos 'estereotipados' por los conceptos básicos de la economía, en aquella época había el sentido común y poca 'evidencia' para los conceptos abstractos subyacentes que hoy en día se conocen bien. Lo que hicieron estos más de dos siglos y medio fue acostumbrarnos y tener una jerga que no era esencialmente dominante en el siglo XVIII.

El análisis sistemático y cuidadoso de las relaciones económicas de Smith contrastan por la omni-confusión causal de les estudios morales de la época: monopolios mentales de los religiosos. En este sentido: de enfocar hacia la comprensión homogénea del registro; leyendo a Smith uno es llevado a pensar que Durkheim poco invento; sino que lo reinvento o tradujo al registro suyo, de la sociología. O sea esa manera de enfocar también hacia un registro académico que iba a ocupar un 'espacio académico niche', cuando ya hay tantos colegas discutiendo de mucho y de algo sobre todo.

La personalidad de Smith podría tener mucho sentido en sus maneras de convencer, respectando a los demás. Algo sorprendente si observamos cómo pudo ser empleado en radical contraste por los capitalistas triunfantes posteriores: en forma prepotente y para no dejar espacio a la crítica. Caso más ejemplar con el señor Rockefeller del inicio del siglo XX, muy creyente pero absolutamente convencido que en negocias había que ser despiadado.

La Teoría de los Sentimientos Morales desde su documento original contenía probablemente numerosas de las premisas de la Riqueza de las Naciones (no se tiene muy claro el documento original, más lo es la copia revisada). Pero otro escrito anterior tratado de jurisprudencia ya tenía algunas ideas conductoras de la "Riqueza de las Naciones". La primera edición de la Teoría de los Sentimientos Morales antecede la Riqueza de las Naciones, de muchos años: 1759 contra 1776.

Pero, una vez esa obra vuelta extraordinariamente famosa, Smith regresa a la primera y probablemente no solamente para correcciones cosméticas. Corrección necesaria si la primera edición venía de una transcripción manuscrita de su curso magistral hecha por sus estudiantes[xix] ¿La necesidad de corregir? porque la Riqueza de las Naciones lo reclamaba o, en fin, para el cuidado de la obra a mismo de consolidar su lugar en la posteridad.

De cualquiera manera muestra la importancia de la "Teoría de los Sentimientos Morales". Por cierto, no hay motivo de creer que la fama Riqueza de las Naciones no es más que accidental: es instrumental en del sistema de Smith. Bien difícil es saber de la influencia de la Riqueza de las Naciones sobre la corrección de la Teoría de los Sentimientos Morales pero me parece esencial pensar que las dos son un conjunto y son complementarias.

Además de esas dos obras principales, la reseña histórica de la ciencia astronómica hasta Newton y el ensayo jurisprudencial (donde aparece el concepto de la división del trabajo). Fueron preliminares a las dos obras. También el Esencial que utilizó editado por Heilbronner, agrega algunas cartas. Pero en general poco se sabe de los pensamientos íntimos de Adam Smith y no produjo autobiografía.

Trabaja así sobre su legado, sin vanidad, dejando en pensar que bien tiene un proyecto utópico para la humanidad. En su lecho de muerte de lamentar de no haber podido más... ¿completar, explicar, rectificar o legar?

Vida sin fundar familia propia, infancia con alguna de la soledad del huérfano absorbido en sus estudios. Infancia de buen alumno solitario que obtuvo la solidaridad de su familia. Genio de erudición temprano que entra a la Universidad a los 14 años. Tiene la suerte de encontrar un profesor motivando el libre pensamiento de sus alumnos del cual fue muy apreciado. Curiosamente uno de lo mas relevante pretenderá aclarar el pensamiento de su profesor en forma muy 'socialista' a inicio del siglo XIX. Smith no tiene las maneras de cortesano y bien lo hace sentir en los comentarios de sus libros. Todo al contrario de esas danzas que se hacían cuando reyes y aristócratas dominaban la vida política y que hoy en día de inicio del siglo XXI siguen rodeando los líderes de las "cosas serias del Mundo". Mientras, bien hay necesidad de vivir de sus cargos de pensador.

Encargado de cursos en la Universidad de Glasgow y posteriormente en Edimburgo; después de haber sido preceptor de un ahijado aristócrata. Viaje tradicional de aquella época para los grandes aristócratas. En el continente el recorrido será en Toulouse, Ginebra - donde encuentra a Voltaire - y Paris. En Paris se relaciona con los fisiócratas. Allá se pudo también enterarse de lo que costaron las guerras incesantes de Luis XIV y Luis XV: la ruina de Francia.

Pero el hermano de su alumno muere en Paris, el alumno crece, Adam Smith termina su oficio. El aristócrata que lo empleaba cuando lo despide, le dobla su sueldo haciéndole renta perpetua. Elegancia debida al pensador que empezaba a lucir más por sus ideas y su espíritu que por histrionismo público.

Adam Smith podrá dedicar los 10 años siguiente libre de preocupaciones materiales algo retirado en Kirkaldy para redactar su Riqueza de las Naciones. El ex-alumno, joven duque, se quedará un fiel amigo y un gran apoyo para el Siglo de las Luces Escoses. Según los propios comentarios recogidos de Adam Smith sobre el mismo con respecto a que aparte de esa hondura de ideas bien poco extraordinarias eran sus otras calidades para lucir en sociedad... modestia sin afección.

En Edimburgo publicada la "Riqueza de las Naciones" le trae fama y en seguida cargos y respecto de su sociedad y del poder. Doctor *honoris causa*, decano de su universidad de origen (Glasgow) y alto puesto público en aduanas. Eso, que parece sorprender sus seguidores extremistas, porque creándolo enemigo del Estado, pero algo 'natural' me parece de como entendía la riqueza: el reconocimiento de su sociedad, los cargos en el gobierno de la ciudad, dentro del marco general de la equidad de la Ley siendo parte de eso. Sabio y por el lado del espíritu se quedó. En su hogar campestre, conviviendo con su madre y; posteriormente a la muerte de ella, acogiendo otro pariente y con los dependientes a su servicio.

Su sistema es burgués pues; burgués como habitantes de pueblo, y quizás con un sentido humanista un tanto diferente del que tomará el estereotipo de la 'libre empresa individualista' del poderoso. No se examina, ni se puede mucho, lo suficiente de su modo de vida para procurar sentido otro del que tomaran las abreviaciones de la teoría comportamental del capitalista de la revolución industrial.

Con respecto al 'desarrollo capitalista' Smith parece pensar en cómo hacerlo integral e íntegro de las comunidades rodeando los lideres por efecto de méritos. Su burgués es el pequeño o mediano empresario promedio de una red extensa competitiva pero moral, a su vez con sus defectos y más probablemente formando coaliciones pero en sus comunidades de Escocia. Smith no quiere excluir todos otros tipos grandes o proyectados; en tanto que todos colaboren a las producciones que tienen en mente.

Piensa probablemente que los liderazgos no deben de ser antagónicos o simplemente adversarios en relaciones de conquista de poder y preeminencia. En Escocia, por efecto de la historia de la relación a Inglaterra y de la geografía hay solidaridad algo tradicional. El objetivo a favor del desarrollo que observa con las premisas de revolución industrial; siendo que sean los que mejor pueden ser financiados por los que tienen stock (recurso) de inversión.

El Siglo de las Luces escoces discrepa del francés; el cual es aristocrático. Este apoya científicos para la curiosidad de los principes y los divertimientos. Tienen los grandes, investigadores a su servicio y funcionarios están en la industria estatal. El servicio al Estado es directo para la Casa Real, mucho para el sostenimiento de la Corte y esto en algo puede permitir menos interferencia de los aristócratas los cuales son controlados en la Corte, mientras las industrias del Reino son los de la potencia absoluta.

Mientras en Escocia, las intervenciones de la Corona inglesa pasan por interferencias por la administración (militar), ordenami-ento de servicios, licencias y prohibiciones procuradas por el Parlamento. Con nobles localmente más en sus negocios pero representando ellos mismos su gente en el Parlamento en Londres.

Francia tendrá que llegar a la Revolución para realizar los cambios contra las clases-cuerpos sociales, con las ideas de su Siglo de las Luces y a pesar de la contribución positiva del reino en intentos preliminares de cambios. Pero como el Rey está en Francia a la cumbre de la pirámide de las clases tradicionales y ordena todo, mientras el parlamento es solo artífice de la organización social desde arriba, la dinastía arriesgaba su suerte si fuera incapaz de evitar la confrontación de las clases y los clientelismos.

Smith es también contrario a ese avatar de la inocencia original 'del buen salvaje' de Rousseau y como buen ideólogo, ignora 'sutilmente' muchas cosas marginales en la construcción de su sistema de profesor de filosofía moral. Su sistema coloca el hombre desarrollado como el civilizado, con buenos modales y un buen estado de bienestar personal y social. Su palabra de 'wealth' no se traduce bien con la de 'riqueza' que hoy en día tiene. No se asimila a esta especia de acumulación mercantilista (recursos monetarios bajo la forma de metales preciosos) al servicio del ocio o de todas formes de stocks a discreción del propietario; eventualmente de los medios de producción tales como las máquinas. Esas industrias son bien condenadas por Smith.

Su concepto de stock tiene diferentes caras y un sentido algo inmovilizado. La pre-ocupación de Smith es que ningún detentor de recursos para prevenir o evitar de comprometerlos en las producciones. No sería en este concepto extraño de imaginar que la 'tierra a quien puede hacerla trabajar lo mejor' no disgustaría a Adam Smith ¿Hasta forzar los cuales que sean los impedidores?

Tampoco promueve la producción de bienes especulativos o suntuarios y bien parece denunciarlos. O sea entiende la producción con virtud, como la útil para el consumo de todos. Su producción parecer ser moralmente selectiva: el consumo esencial de todos; aunque desigual y con todos los substitutos pragmáticos: lo importante es tener algo de comer. Esto no tiene el mismo sentido que ser utilitarista o pretendiendo serlo en forma hedónica. El parecio de Smith es mucho mas con el reconocimiento de las personas y bien probable el terreno de su riqueza. Recuerdanse que la riqueza de los fisiócratas es puramente en la tierra (en contradicción con los mercantilistas y que Adam Smith bien critica los mercantilistas). Aquí hay también un proyecto ordenador de sociedad, que es esa ambición de definir la utilidad; mientras Smith ve la división del trabajo, la libre empresa, la libertad, y el individuo como medios (y variables del reconocimiento y la verdadera riqueza).

Su proyecto ideológico es más un programa dual: producir para satisfacer las necesidades de todos; con una apuesta en segundo plano: esperar que se logré con todos los medios posibles. Apuesta implícita que, precisamente no afirma como un objetivo supremo e ideológico. No emplea las facilidades del concepto unitario supremo (sea Dios, sea la vanidad de los mejores sentimientos), del cual se deducirían todo: como se hizo con el concepto Dios, el prototipo de hombre mejor,etc.

Más allá de los errores y lo que no funciono del sistema implícito de Smith, él no es para un sistema de pensamiento único o para un binarismo donde hay 'no' y 'si' o 'bueno' y 'malo'. Claro, siendo la paradoja que todo esa ambición pragmática de sociedad mejor operativa sin dictadura pudo ¿me imagino? – servir posterior-mente fines monolíticas así de tal nación contra otras, bloque ideologico contra otro.

## El Método Smithiano

Habiéndole comunicado, más arriba, mis objetivos de ensayista, veré en inscribir Smith en su época. Es probable que los rasgos de métodos que emplea y que 'premisas' ya existían; mientras que Smith tuvo su gran parte como fundador esto no se le puede quitar.

Su gracia esencial parece ser en esa sabiduría atenea de analizar y abrazar un conjunto extraordinariamente amplio de conceptos de 'metafísica' sico-operativa humana y ensamblarlos en un sistema homogéneo, purificado, pulido, lógico sin argumentos que salgan con una auto-justificación de un verdad superior, para meter rigidez y dogmatismo a cada rato por deficiencia de argumentación.

Cual que sea la fe de cada uno, tengo pocas dudas de que considerando nuestras deficiencias u elecciones humanas mejor que ninguno culpé a su Dios por esas. En especial, de evitar los que pretenden inspirarse de Él. Por otra parte, es de observar que, en asuntos de organización social de las economías humanas, la obra de Adam Smith busca respetar el libre pensamiento y apartar las actas y comportamientos humanos para hacer cada individuo más responsable. Esto pudiendo ser honrado cuando en un sistema de justicia bien equitativa que efectivamente contempla (¿y de no vacilar cuando los grandes pecan?)

Hay muchos implícitos dando en pensar que Smith con respecto a Dios no contestaba su eminencia pero, para completar en la obra de Smith y para los cuales tiene claros criterios sociales. Pudo ser un inconveniente porque muchos 'fieles' pudieron mencionar a Smith en justificación de sus actas empresariales, por afuera del marco jurídico y moral. Se sintieron liberados de cualquier censor moral tan pesado como El; por encima de todos pero bien mejor de sus confesores y de los monopolios eclesiásticos. Salvo que con esto el pragmatismo no impidió mucho individuos potentes de mannosear el marco jurídico en el cual todos tenían que ser metidos, sea por el sistema humano sea por gestión de la 'mano invisible'.

De hecho los recortes de los seguidores de Adam Smith eran faciles. La Riqueza de las Naciones era suficiente. La Teoría de los Sentimientos Morales se puede olvidar o pasar por alto, obteniendose así un potencial inhumano en muchos lugares de la Tierra, algo catastróficamente negativo para los 'desprovistos de equidad'; cuando habiendo dejado en cualquier lugar, el corte o recorte singular[xx], a discreción individual del valor o de cualquiera otra cosa indefinida por Ley.

Es de considerar por integro el sistema de libertad de Smith y su utopía de apostar sobre el humano: no de extraer de un largo texto, estructurado por módulos de supuestos, hechos, argumentos y balances delicados; tan fáciles de truncar para hacer prevalecer otro proyecto o inducir reacciones de ignorantes.

Este concepto de libertad implicaba departe de Smith muchas precauciones para respetar la del lector, así como un concepto de "mano invisible" que haga el individuo inclinarse por el lado de una interpretación "socialmente buena" forma muy esencial incluso válida para cualquiera economía de agnóstico.

En su procedimiento analítico histórico, Adam Smith concibe las sicologías de los individuos y las colectivas de las sociedades como productos de las economías, del manejo de sus recursos de stocks, de sus tecnologías y condiciones de sobrevivencia. Valores bien vivas, porque su concepto de valor (¿para medir en forma más fisiológica?) es el trabajo humano o animal y no el objetivo mercantilista o acumulación desproporcionada con el compromiso productivo. O sea: Smith contempla su historia, su ambición anticipadora no sobresale mucho, no especula, su utopía es apostar sobre el humano.

Adam Smith maneja enunciados de conceptos económicos y cualquier ciudadano de este siglo XXI, con leyéndolo, se podrá enterar hasta qué punto estamos bañados por los términos de Smith y las micro relaciones que avanzo. Resumido su método se basa en:

- un procedimiento analítico histórico, donde es algo implícito la intervención del individuo por entornos políticos (¿queriendo reaccionar a sus abusos sin enfrentarlos de manera directa?);
- es sico-social: seres condicionados por las sociedades o civilizaciones socio-tecnológicas (¿seres que quiere convertir en individuos 'casi'-libres?);
- relaciona los argumentos y hechos empíricos con las prácticas microeconómicas con mucha sutileza, hacia lo que cree esencial: el ser humano (en una forma muy cognitiva moderna);
- lo hace según supuestos idealistas, en especial con un 'buen 'individuo humano civilizado' en una sociedad firme como implícito a un concepto importante de economía positiva (mirando hacia adelante y ordenadora, porque la economía de todos es más previsible); es lo que busca acercar sin reacción poderosa; que los poderosos o quienes que tienen recursos mayores (tienen opciones buenas, preferibles e interesantes);
- busca el entorno legal de sociedad firme igual entre todos, que no sea sesgado por grupos de intereses, corporativismos o monopolios, a manera que se revelan los individuos (y describe los modos de operar de un buen sistema de justicia);
- sociedad firme con democracia (pero teniendo Smith que insinuar su concepto de democracia universal indirectamente: voto para todos los que contribuyen), justicia equitativa, transparente, en algo informativa (¿información proporcionada al nivel educativo del sujeto o mediada por abogados?), sobre las reglas y los riesgos (mediante las variaciones económicas naturales);

- las desigualdades y discrepancias que suelen existir, no vienen de las capacidades de grupos de imponer sus sesgos autoritarios, (autoridades algo más legítimas en el contexto parlamentario del Reino Unido).[xxi]

Por lo cual uno debe tomar en cuenta si Adam Smith, aunque esperando proyectarse en el futuro, no está hablando en 'rectificación humanista simplificadora' del pasado; como una especie de apuesta sobre la buena naturaleza del humano civilizándose (¿mientras tenga un mínimo decente para vivir?) y considerando que los más eficientes en esa economía de empresa y de paz son los individuos que mejor se dedican a la producción para todos... cuando muchos creen que habla para promover las reducciones necesarias para el futuro individualista del desarrollo capitalista tal como Smith lo hubiera logrado prever[xxii] y recomendado para tener razón.

Claro es evidente que apenas unas décadas de revolución industrial pasados y las civilizaciones capitalistas modernas se encontraron con gran necesidad de ajustes para restablecer alguna humanidad a muchos humanos alienados por el gran desarrollo industrial y sus horrendas condiciones laborales. Pero, a 2 siglos y medio, como el humano en sus vanidades y ambiciones no cambio tanto, sigue necesario de mejor entender las condiciones humanas de operaciones sociales de todos tipos. Mientras, con respecto a la obra de Adam Smith y más allá, las dimensiones de su método guardan gran vigencia sigue siendo clave de tomar en cuenta sus precauciones así completarlas.

A inicio del tercer milenio para la mayoría de la población del mundo falta mucho para hablar realmente de libertad y muchos no son con un capitalismo un tanto reformado por algo de keynesianismo o que tengan efectos algo semejantes; es de considerar que hay construcciones alternativas pero pueden y deben lograr semejantes derechos esenciales.

No hace falta observar que las discrepancias y desigualdades individuales y sociales siguen en aumento mientras más considerables alcances tecnológicos y más grandes recursos de los cuales, más de ellos se consagran a representaciones mediáticas, al servicio de propagandas y políticas de imagen: porque los logros humanos y los méritos son tan mal alcanzados y tan poco merecidos; que se tiene que comprar hasta en paginas de grandes medios de media apariencias, protección y servilismo como en tiempos de cortes de reyes, de mercantilismo y guerras y seguir imponiendo o manteniendo divisiones societales y prohibiciones humanas adversas.

De informar el lector que por interesarnos más a la vigencia positiva de Adam Smith. No habrá en este ensayo suficiente espacio como para estudiar todos los errores, sesgos y desvíos, como los producidos por el sistema occidental 'capitalista marxista' (siempre uno produce la reacción que merece) de la historia que siguió Adam Smith. Este mismo debe preguntarse sobre lo que no tomo en cuenta de la obra de Smith y puede sospechar que hay cosas buenas para la humanidad.

Una enciclopedia de 10 volúmenes 'kilogramétricos' de los libros negros de la historia moderna no bastaría para examinar los problemas creados. Sería también necesario tener una enciclopedia de referencia de las metodologías aplicadas al estudio de las suertes de las naciones; en tantos volúmenes que la enciclopedia mencionada más arriba (y que existe desde algunas décadas).

En economía literaria limitada o historia de los métodos empleados en las universidades, las administraciones, las empresas o los mercados financieros; seria para un mínimo leer Blaug o Passet para unos conocimientos mínimos.

## Los Intermedios porque no hay mucho al respecto

Difícil es de promover el proyecto de una apuesta o, más simplemente impicitos; sin tener que hablar de las estructuras socio-económicas intermedias que son precisamente las que pueden sentirse ofendidas por ese profesor de filosofía moral que bien se puede aceptar como fundador de la economía clásica, porque no escribió muchos sobre las estructuras de poder, aparte de su justicia para todos. Pero eran en buena parte los monopolios que sesgan o los instituciones, que pueden caer en la burocracia: esa eficiencia egocéntrica que coloca su eficacia en los maltratos y la mentira sobre sus resultados.

En lo económico Smith diferencia más sectores de producción que los fisiócratas: 1) Agricultura (de campesinos que trabajan, bien motivados por sueldos correctos para vivir) y ¿bien apoyados? - en sus esfuerzos para tener la libertad de empresa que suplea los ingresos; 2) Manufacturero (de obreros bien pagados y bien liderados por ingenieros absorbidos en las mejoras de sus máquinas y humanas de sus divisiones laborales y ¿cómo también? – con condiciones correctas de trabajo de sus equipos e individuos, 3) Comerciantes que cubren los riesgos y las protecciones de sus servidores (¿y que se comportan algo como holandeses protestantes?), 4) Transportistas; naturalmente expuestos al clima y a las incertidumbres en sus puestos de capitanes y ¿no faltan? – en considerar los costes de todos en su empresa. Todas esas preguntas mencionadas en otras partes.

¿Sociedad de pueblos que obran para que tanto como posible de sus habitantes puedan acceder a la libertad de empresa?

Por lo tanto Smith 'no habla', por lo menos en este esencial, en forma sectorial de:

- los financieros (concibiendo que todos pueden o deben tener sus intereses pero ¿porqué de todos y que todos deben aportar a todos quienes pueden producir y que no se organizan en conjunto para discriminar sobre criterios mal-especulativos?),
- los servicios públicos (¿sería que imagino servicios transversales de nivel de gobierno local de los burgos con participaciones privadas?),
- servicios del Estado donde identifica actores institucionales (militares, parlamentarios e; insinúa diplomáticamente sus preferencias ¿pero entiende bien de las circunstancias excepcionales que hay que prevenir con precauciones?).

Sea porque se enfoca a los sectores productivos o porque piensa que sería inapropiado de diferenciarlos porque incluyen riesgo monopólico o corporativista. Corporaciones que son monopolios para el individuo profesional estableciendo clases de oficio lideradas por sus dirigentes como patrones de derecho casi absoluto pudiendo alterar la sensatez de la libertad de empresa.

Aunque es probable que en principio Smith no hubiera bien estimados las uniones, su condena, en seguida, podría ser no tan evidente si, después de analizar, hubiera visto que esas uniones eran para tratar de equilibrar un poder de desequilibrio monopo-lístico. Bien dice Smith que es ingenuo considerar que los grandes ordenadores aparentando individualismo se prohíben colusiones ni hacen uso de sus recursos de interferencias monopolísticas. Recomienda a sus 'ordenadores' de división de trabajo y capitalistas que invierten, de no meterse con los monopolios, los grupos de poder mercantilistas. Desprecia las grandes compañías que emplean toda su asimetría para aprovecharse, ultramares de los pueblos débiles. El lugar ideal de su mercado no es cualquier.

Aunque con un lenguaje con mínimas asperidades y condenas, o en términos desprovistos de antagonismo, Smith no deja dudas con respecto a su desprecio del mercantilismo, del tesaurismo, al respecto de los procedimientos de la Compañía de las Indias Orientales; para la producción muy fuera de las necesidades humanas o sean: las producciones para las vanidades de unos pocos, los monopolios y el ocio de los grandes.

La economía de escasez y ahorro de Smith no es de cualquiera producción y/o creada por los intereses especulativas o discriminarías. Sino que escasez que afecta todos y que las producciones deben resolver. Ahorros para meter tan como posible en las producciones, para hacer posible la liberta de empresa de los individuos, ingresos suficientes obtenidos del ciclo previo de producción para el nuevo ciclo llegando

La Escocia de Smith se caracteriza por la eliminación de los últimos rasgos del feudalismo, que Smith también poco aprecio; pero no se sabe si pudo ver, que este sistema anterior en Escocia permitía, por efecto de las relaciones a Inglaterra e inter-relaciones de clientelismo tradicional sobrevivencias de los humildes en los grandes dominios existiendo asegurándolos alguno derecho. El es de las tierras bajas, en los Highlands era difícil pasear. A su vez algunos nobles solidarios con su gente no se metieron en las expulsiones de la gente de 'sus tierras'. Mientras las transformaciones agrarias produjeron a la larga enorme concentración de 'Estates', pero después de Smith y especialmente en los Highlands; producto del canibalismo capitalista ortodoxo reconvirtiendo, por ejemplo, los Highlands al ocio con grandes dominios de casa, para grandes muy ajenos a las economías locales de sobrevivencia.[xxiii]

Una paradoja de Adam Smith con respecto a lo que lo siguió es que el estudio matemáticas en la universidad, investigo sobre la historia de la astronomía y leyó Newton. Es muy probable que fue en contacto con pensadores matemático sociales en especial de los fisiócratas. También tiene razonamientos cuantitativos matemáticos muy sutiles, pero será David Ricardo que 'hará' su formulación ¿podría ser que no quiso voluntariamente? – 'matematizar' más allá del manejo inmediato de valores (esto lo haría anti-marginalista). Al respecto de tomar en cuenta:

- los ingenieros emergentes de su época, a pesar de Galileo (el que sugirió el vaivén entre el dispositivo experimental y el modelo matemático), eran más experimentadores empíricos que calculadores abstractos;
- su vida hace que produce su Teoría de los Sentimientos Morales cuando su estancia de dos años como encargado de cursos de moral en la Universidad de Glasgow y la parte 'más técnica' de la Riqueza de las Naciones desde el entorno de Edimburgo y después de haber viajado en el continente, retirado en Kircaldy;
- tiene una flexibilidad de contenido de conceptos categóricos que hace preguntar si no tendría consciencia de la dificultad de matematizar o registrar ciertos valores y montos asi con 'particiones bien cortadas';
- sin cientismo de su parte, me parece por lo tanto que aplica un esquema 'newtoniano analógico' en su concepción de stocks – variaciones – coeficientes de producción – variaciones de producciones (aceleraciones);
- no en el sentido que esto simplemente vendría de las deficiencias de las matemáticas de su tiempo o las suyas;
- en definitiva formula poco o sea no inventa la economía matemática.

Quizás de leer los modelos matemáticos modernos desarrollados a partir de sus ideas permitiría a Adam Smith cuestionar sobre las identificaciones naturales que tienen. Quizas podría sorprenderse de como lo hicieron tantos que se reclamaron de sus ideas.[xxiv] Hay cosas y anticipaciones formales de Adam Smith que siguen reflejando dudas actuales y que pueden explicar porque no ha empleado formulas.[xxv]

Tambien su obra es moral ¿podría en ese marco pretender inventar la economía antipática? (no estoy hablando de la que es matemática) - o más simplemente observa que los determinantes de la microeconomía son más potentes que la simpatía y el altruismo... ¿y cómo no sería así? después de siglos de moral religiosa y filosófica bien intencionados, poco seguidos en su siglo como en el nuestro la generosidad sigue bien ineficiente con respecto a sus intenciones. Esto no significa que Smith promueva el desorden de la violencia del individualismo de los negocios agresivos contra los demás hombres. Aún más cuando las reglas de su sistema jurídico se aplican a todos y deben de ser igual entre todos.

## ¿Juzgar a Smith o a los que lo Recortaron?

De hecho en el mundo actual, lo que más debería sorprendernos es de ver hasta qué punto, muchos decidores y ordenadores de producción, no tienen más que una pobre canasta de dichos tradicionales y anecdóticos de Smith; para dirigirse a los ciudadanos. Confundiendo esa canasta con una caja fuerte de justificaciones de iteraciones dialécticas para administrar la dictadura conceptual del capitalismo liberal e ignorando todos los entornos que huvo.

Especialmente estos ingenieros o administradores de sistemas de 'tecnologías leviatán', para imponer sus modales y sus razones. Smith quería liberarlos de las incertidumbres y dificultades, sugiriendo a 'cualquier inversionista' apoyarlos en sus esfuerzos; a cambio de respeto sus beneficios. Para darle la gracia sus 'liberados' lo enceraron en unos pocos argumentos escogidos a manera de justificar su monopolio cientista o de administración abstracta; sin necesidad de preocuparse con el reconocimiento de su entorno social inmediato. Sino que garantizándolo ese reflejo condicionado: 'admirad tu líder, porque es el que es el líder'.

Mientras los 'expertos' del paradigma económico progresista industrial despreciaron la libertad de pensamiento que Adam Smith buscó también para ellos: toman ahora extraordinarias precauciones para no desplegarse fuera del registro 'purificado de matemáticas tradicionales estrechas muy apartadas de cualquiera proximidad humana'.

Pero Adam Smith tiene esas paradojas sino inconvenientes en otros registros:

- los pueblos "barbaros y salvajes" aunque analizados en sus costumbres y usos como determinando su desarrollo, antítesis del "buen salvaje" del siglo de las luces francés, no parecen vistos con simpatía mientras hablando para su sociedad;
- si bien Smith entiende que habla para su civilización y no tiene que juzgar otras, en el 'choque de culturas', una debe prevalecer, su civilizado no es débil mientras ¿defendería Smith el derecho de invasión del civilizado? – es probable pero con condiciones humanas y para su progreso humano (aquí esta su ingenuidad);
- las ambigüedades de Adam Smith, con frecuencia tienen su lado positivo del balance. Así su concepto de individualismo para nada excluye que el individuo tenga simpatía para otros y todos (hasta los individuos de los pueblos salvajes y barbaros).

O sea la paradoja re-entra: el individuo es producto de su sistema socio-tecnológico, hasta en su egoísmo o individualismo pro-antagónico;

- de semejante manera, con los países musulmanes o de extremo oriente, ignora mucho de la historia de estos pueblos y con ellos Smith pierde la cuidadosa análisis de los datos y hechos; el análisis cultural cruzado no existiendo, pero si había escritos simpáticos y sabios sobre los salvajes (así los de Montaigne) a manera de mejor controlar los estereotipos de su propia sociedad;
- se inscribió Smith en esa supremacía moral civilizadora occidental (¿apostando sobre su buena evolución?) y podría ser sorprendido de lo que se hizo con la Riqueza de las Naciones.

De notar que hubo correcciones del sistema capitalista imperial, no tan mal, pero que no le fueron atribuidas. Estragos que aparentemente concuerdan con partes de sus escritos.

Así de los efectos de su 'libertad empresarial':
- el proyecto liberal imperialista, liberando las naciones emergentes del poder colonial mercantilista (especialmente español);
- libertad de los pro-cónsules de la corona, administrando tras los mares y los meses, sus interpretaciones de las misivas centrales;
- la emergencia de la sicología social o de la antropología cultural que, de semejante manera, Smith hubiera podido desaprobar (demasiado complicado) o lamentar de no haberlo imaginado o descubrir la simplicidad exagerada de su sistema (incompleto);

De notar que los inicios de estudios geo-culturales tuvieron para mucho tiempo como pretexto de justificar las teorías racistas de los 'civilizadores', así por ejemplo de los críticos nacionalistas germánicos que un siglo después interpretaron Smith para descalificarlo pero son ellos que perdieron, mientras Smith moralmente bien se puede ver mejor a aquellos.

[*Para entender, en tiempos de Adam Smith, algo de la brutalidad previa y contemporánea pero ordinaria que había contra los pequeños (y/o 'rudos') y seres:*

- *lo que podía pasar en los campos de batallas, simple campo de manobras para matar tantos como posible (victoria o huida), tal como la casi ausencia de servicios de socorro o humanitarios y donde quienes que ganaban (y no morían) podían ser recompensados con un derecho de pillaje y violación de la población civil, a menos que el maestro de batalla o de campaña no había decido de hacer un ejemplo bien completo (lo hacía con frecuencia) masacrando tantos (como pasaba con Cromwell);*
- *El 'reclutamiento' por las fuerzas armadas en especial en el Reino Unido de la Marina Real, empleando los medios necesarios (¿o que conveniencia de sus capitanes?); hasta poder afectar la economía agrícola local: quitándole brazos a las cosechas de granos básicos empeorando hambrunas;*
- *El sistema de 'indenture' que existió desde antes de la organización inglesa a gran escala del comercio de esclavos (precisamente durante el Siglo de las Luces), la 'indenture' no era otra cosa que una esclavitud para los blancos pobres de las islas británicas u otras ... y reapareció después de la liberación de los esclavos de origen africana, en especial de 'contratos' con pobres del subcontinente asiático (India) enviados a todas las colonias inglesas como del Caribe o Guyana;*
- *en Escocia y en esa trama de 'indenture' fue en ciertas regiones (Aberdeenshire, Fife) la abducción de niños y su venta en las colonias norteamericanas; las familias o mujeres que podían reaccionar tenían que apurarse y hacerlo con vigor para recuperar a sus hijos; aunque el negocio era oculto, podía implicar notables de las ciudades [autobiografía publicada en York de un tal Williamson cuando regresó años después en Aberdeen, su ciudad de origen, tuvo que pelear ante las cortes y apelar, para no quedarse encarcelado como sedicioso*

*y; ... a manera hipótesis de investigación para algún 'detective hagiográfico tras los siglos' de decirnos si el susto con la desaparición de algunos días de Adam Smith cuando niño de 3 o 4 años no fuese relacionada a este tráfico];*

- *Los 'stocks' de recursos financieros obtenidos del 'negocio triangular' representaron tanto, que ciertos autores pudieron afirmar que la revolución industrial fue financiada por parte considerable gracias al comercio de esclavos de África. Por eso de su primer presidente Trinidad y Tobago prefiero ser república].*

Adam Smith es observador sico-social de las 'sociedades socio-tecnológicas'. Avanza mecanismos mentales muy actuales. La continuidad y semejanza del espíritu empresarial y/o comerciante protestante capitalista se parece mucho al muy posterior Max Weber (sociólogo fundamental alemán del periodo fin de siglo XIX inicio del siglo XX que trabajo sobre la ética empresarial calvinista).

Con tal que, para discrepar con los antecedentes de época y acompañar su Siglo de las Luces, Smith avanza una ciencia de investigación, unos principios de desarrollo individual y de liberación de las mentes con unos cuidados que parecen muy inspirados además por el concepto acción-reacción.

Aunque teniendo la sabiduría de no establecer un cientismo social, de los prejuicios de castas, clanes o clases Smith toma muchas precauciones para no estrechar ciertas categorías. Es muy claro en sus escritos su sentimiento de comunidad sin discriminación por los talentos que se encontrarían mas en unas clases o las otras, hasta entre pueblos: son los sistemas socio-tecnicos de sobrevivencia que condicionan. Discriminaciones que lastimosamente se hizo en su nombre. Las desigualdades no son redibitorias y bien parece tener convergencia en la mente.

Es decir con respecto al capitalismo imperial, después de Smith se pudo, en cierto modo apartar Dios de sus negocios (aunque eventualmente sacrificando a los rituales) y también más fácilmente, apuntar a los 'diablos' (sindicatos, alternativas socialistas utópicas, Marx, Engels y demás) 'enemigos del progreso' y de los negocios y aceptando que al margen pueda haber una mano invisible.

Pareciendo en esto hasta ayudados por los mismos seguidores del modelo contra-puesto principal: el marxismo-leninista pero que pudieron ser necesarios para mostrar la utopía de la reducción simplicista engendrada a partir de Adam Smith e impracticable: la que se refiere por exclusivo en la Riqueza de las Naciones o más bien a algunas anécdotas escogidas para llevarse la congregación de los aprovechadores.

Los capitalistas que teniendo escrúpulos no siendo más que envidiosos, locos de remate o ingenuos ineficientes sino traidores: Engels, Owen, etc. claro en términos reservados a los comunes o los académicos que no son de su inscripción ideológica. Sin ver, los unos y los otros que, quizás, en la Teoría de los Sentimientos Morales había 'el entorno' un tanto más completo del espíritu de los sentimientos para mejor lograr la 'Riqueza de las Naciones'. Ademas el enfoque de los procedimientos de la Riqueza de las Naciones podían ser o el nucleó, o el eje o la cascara según uno incorpora una obra con la otra, para que el sistema funcione con humanismo. Claro, la ideología de Smith no hubiera sido suficiente para balancear un sistema occidental de conducción de la economía que no vacila en emplear la competición contra los sub-competidores, la predación, la rapiña, la asimetría del monopolio en las periferias.

Quizás la esperanza de Smith hubiera podido producir un desarrollo industrial primitivo menos brutal; pero es difícil decirlo, aun retrospectivamente e incluso con el modelo ejemplar proto-industrial de la Escocia de Smith (que tiene sus páginas negras):

porque observando cómo el mundo de la vieja Europa reaccionará al salir de las guerras napoleónicas; uno tiene dificultad para concluir sobre la inutilidad socio-política de la forma capitalista de revolución industrial. Ella fue, directamente o indirectamente, la que destruyo el viejo 'orden' aristocrático-clerical.

También de ver que al europeo-centrismo desplazado sobre el eje noratlántico (hasta Leningrado) o sea el dicho modelo occidental judeo-cristiano-deísta-marxista es conjunto, cerrado-completo (con sus enemistadas). Mientras muchos otros pueblos y culturas existen y bien pueden tener su propio sistema algo equilibrado cuando con una construcción cuadrivalente positivamente articulada o sea algo complementaria, por ejemplo: tao-budista-confuceo-ramayanista o griega-judeo-cristiana-musulmán[xxvi].

[*Frente a los hechos y las objeciones o interpretaciones de Smith, al inicio del siglo XIX se quiso impulsar en las escuelas de mecánica de la Revolución Industrial, el 'higiene mental basado en la obra de Smith', para que los alumnos entiendan los peligros de los sindicatos y demás movimientos; incluso los que solo reaccionan a la pobreza creada por el capitalismo industrial voluntariamente o por sus faltas de cuidado.[xxvii]* ]

Pero en otras partes de sus libros, Smith se auto-maneja con prejuicios mínimos, como cuando tuvo buenos relatos históricos y filosóficos o sea; criticando las formas de los 'tribunales morales, la Santa Inquisición, etc. Hace una distinción muy moderna entre:

• la benevolencia o simpatía que puede ser inefectiva y poco útil o poco esencial en la construcción de la Sociedad...sin malevolencia de su parte, el sentimiento personal siendo para él más un hecho analítico;

• aunque no lo llamo 'empatía' tiene un concepto muy similar en la mente: sentir lo que a uno otro le pasa, creer que a si mismo le puede pasar; entender los sentimientos del otro y; sin pretender saber apuradamente lo que ocurre al otro; ni enjuiciar tan prontamente. Como para rectificaciones morales de las prácticas sectarias, religiosas, autoritarias o morales que actúan en aquella época;

- de hacer entender que el funcionamiento del otro es el punto de partida de su entendimiento y excluyendo que su castigo, cuando fuese necesario se deba basar sobre lo sujetivo o las intentiones: se castiga en proporción al hecho, no como juicio de intención o prejuicio de criminalidad, etc.

- también, tiene explicaciones claras sobre la manera justa de conducir la justicia, sobre la neutralidad del juez, debiendo ubicarse en una perspectiva neutra (tercera), de conducir ningún juicio en base a sus sentimientos propios o según los sentimientos de la(s) una(s) u otra(s) partes en contra de la otra (no me acuerdo haber detectado higienismo social preventivo);

- se inscribe en un ideal de justicia igual para todos, sin importar la condición de rango o clase social.

Claro lo hace en base a una hipótesis ingenua del individuo humano 'dejado a si solo' en un entorno de Estado de Derecho ideal; casi 'comunista beato' de inicio y terminal societal; pudiendo ser las discrepancias y desigualdades intermedias no tan reprimibles ni 'inaceptables'; en especial tratándose de aparatos y poderes muy con la producción concreta de la mayoría de los seres humanos: satisfacer sus necesidades fundamentales afectadas por la escacez.

Claro si unos abreviaron con que la economía es la escasez es un resumen que Smith podía no tener tan así en la mente, si uno entiende sus categorías de manera no estrecha. Su efectiva preocupación era que se tenga suficiente recursos para sobrevivir y su producción bien se enfoca a ese esencial; la división de trabajo tiene objetivo de mayores producciones, por efectos de escala, producciones sin objetivo de obra única o discriminante. Bien Smith concibe lo del surplus, su comercio, del desgaste de la producción cuando para los ocios vanidosos, de la utilidad de la 'gestión delgada' (que las maquinas no sean sub-comprometidas), etc.

En breve, sobre el individualismo de Smith; un humanista bien podría pensar que fue reacción retrospectiva a los rudos pasos de la Historia de su época; mientras que su contemporaneidad era un poco más dulce. Parecía apuntar sobre lo que podía aparecer si la libertad que proponía (quizás como una utopía prospectiva; entre todos iguales), con el interés de todos, para emprender y, residualmente, con la ayuda de la mano invisible de un tal que no podemos prescindir.

La 'pasión liberal' parece deber mucho a la observación del periodo proto (o pre) industrial. Observando, como la paz y el espíritu de empresa resuelven mejor los problemas de la sobrevivencia, la economía social y política que el resto ya existiendo: sistemas tradicionales, guerras y conflictos, que acaban con frecuencia con las vidas; efectos de 'monopolios extraños a la economía de la vida'.

[*Entre 1715 y 1780 los mayores cambios observados en Escocia fueron:*
- *cercamiento de 'propiedades privadas', consolidación e incremento de las grandes propiedades agrícolas (quebrando las relaciones clánicas-clientelista que podía existir entre aristócratas y gente común), pero cuenten con el curso mucho mas lento de los tiempos,*
- *abolición de las co-propiedades y servidumbres de origen 'feudal', para; más personalización individual del arrendamiento (el sistema tradicional había evolucionado para proveer en una base casi hereditaria, derechos de uso agrícola sobre la propiedad);*
- *mientras muchos se comprometen en el desarrollo agrícola 'moderno', las industrias rurales y mejoras de gestión,*

- *reducción o eliminación de las quintas de campo (gentrificación, compra de tierras para explotación, por habitantes (acomodados) de la ciudad (etimológicamente 'burgueses'), pequeño o más a escala (Smith parece más de división de trabajo para economía de escala que de gran escala manufacturera)*[xxviii]*;*
- *adopción del sistema de cultivo en rotación en 3 fases (¿arado profundo y otras innovaciones?); reclamación de los páramos y pantanos; reconstrucción rehabilitación de las granjas, haciendas y fincas;*
- *extensión e incremento de las estancias y desarrollo de las normas (con el impulso de la Sociedad de promoción del desarrollo agrícola);*
- *impulso de una industria rural gracias al cambio de vocación de los que pasaran a ser llamados "mejoradores": funcionarios de la Corona administradores de las expropiaciones (en seguida de la última rebelión jacobinista), para impulsar desarrollos rurales e industriales en el campo; creando, por lo tanto, antecedentes;*
- *buena disposición de las diferentes clases emprendedoras (aristócratas grandes y pequeños empresarios, burgueses, comerciantes), cooperar o negociar equilibrios (Siglo de las Luces);*
- *alternativas a los factores desfavorables (cabotaje costero y de estuarios, cuando carreteras imposibles), industrias caseras (cueros, lino, lana, hiladoras como ingresos de complemento);*
- *flexibilidad para evitar los cuellos de botella (integración de ramas); sincronización estacional;*
- *sistema de pequeñas ciudades combinando apertura y autonomía local; Edimburgo sin exagerada macrocefalia;*
- *apertura a mercados vecinos (Inglaterra, Países Bajos, Escandinavia, nuevas colonias norteamericanas);*

- *conciencia de una solución común a las complicaciones de los monopolios: el liberalismo como para la importación de granos a mejor precio, para el consumo;*
- *la micro-industria rural aportando sueldos complementarios, empleos intrafamiliares e incentivos para mejorar la calidad por los que pasan ordenes;*
- *aparición de un sistema financiero, primeros bancos a mediado del siglo, préstamos tanto grandes como pequeños;*
- *preservación del comercio Escoces con los Flandes (hay dos Paises Bajos: católicas y protestantes-holandesas pero ¿emulación?), a pesar de las guerras anglo-holandesas;*
- *mejoras de los stocks, herramientas, compromisos empresariales, colaboración universitaria holandesa en especial (Leyden);*
- *aparecen los procesos estadísticos por efecto de las crisis, las pequeñas ciudades emprenden sistemas locales de precios]*

El procedimiento de Smith tal como lo pudo manifestar en su cargo de profesor, asumido con gran escrúpulo, convenciendo tanto una sociedad como unos poderosos, tiene probablemente mucho que ver con la trayectoria de vida de Adam Smith: apoyos y méritos los llevo a recompensas, cargos y recursos; mientras manteniendo su honestidad moral e intelectual y su tolerancia.

¿Utopía de un hombre nuevo ideal? ... ¿Habrá Marx? - leído la Teoría de los Sentimientos Morales. A medio siglo de la revolución industrial y posterior a la primera revolución francesa, bien tenía que haber un pensador similar a Smith: Marx; para constar de las luchas de las clases que existían y de las tremendas desigualdades que iban creciendo. Aunque fue para Marx de ver las clases primarias como el motor o las luchas indispensables, de los cambios positivos para las clases obreras (¿cómo directores de las demás clases pobres que no pueden?).

Tal como Smith, la vida de Marx se contextualiza en su sistema: niño genio de erudición precoz, familia al margen, como observador (Marx es judío, Smith huérfano), el entorno social muy positivo para Smith; Marx a pesar de su mujer aristocrática y primo a cargo de la policía de Westfalia tiene que exiliarse en Londres; donde esa sociedad 'lo deja libre' pero despreciándolo. Esto llevara este ultimo a depender de un compatriota excelente empresario (y excelente pensador social): Engels.

Entorno social extraordinario que traerá a Smith reconocimientos y rentas pero también para la familia Marx,; después de muchas dificultades: una pequeña seguridad de sobrevivencia tardía gracias al amigo empresario ... en una sociedad incapaz de imaginar que la libertad de las ideas y la buena o mala harmonía de las relaciones sociales son tanto reacciones y testimonios más que puros inventos filosóficos subversivos e irresponsables.

## ¿Utopía del Individuo, fuente de la Lucha de Clases?

El mundo de Smith es, con poca duda, un mundo de capitalismo industrial naciente que ira dando primacía a esa forma a gran escala. Muchos otros autores sociales lo colocan sea al fin de la Edad Media Europea, para las premisas socio-tecnológicas; sea a partir de la Paz de Westfalia en 1648 para el marco internacional de los Estados Naciones (o sea con las premisas del futuro imperialismo europeo). Pero las cosas 'serias' vienen después del el. El sistema de Smith bien parece 'inmersar' los buenos productores en sus comunidades y aspirando a que sus individuos tengan todo lo necesario para vivir correctamente[xxix].

Claro Adam Smith diseña un mundo para buenos líderes locales, constreñidos por un sistema de justicia universal e igualitaria y posiblemente con unos gobiernos de la ciudadanía. Quizás contempla que las autoridades locales pueden llevar empresas públicas locales. También hay las prerrogativas generales de un gobierno central representativo. No las desconecta de su comunidad, medio social, nación o civilización. Bien dice además que su individualismo no es la soledad, "para el humano la soledad siendo peor que la muerte".

Conoce de estos empresarios con las virtudes de los ingenieros proto-industriales (James Watt), prácticos, ingeniosos, al medio de sus comunidades. Hay muchas razones para que Smith conciba estos ejemplos para nada desconectados de las negociaciones amistosas en pro del desarrollo de los dispositivos tecnológicos. Aunque que Smith sea al margen de estos grupos emprededores (salvo en sus universidades), como observador y pensador, está por lo tanto bien dentro de su Sociedad y sus labores.

Teoría de los Sentimientos Morales cuando a su cargo de profesor. Riqueza de las Naciones después de sus viajes al continente en los cambios de su Mundo. En la sociedad de una capital provincial de pensamiento libre, tolerancia y empirismo abogan para lograr respecto por parte de un Gobierno Nacional con representación parlamentaria. Smith era pro-activo en las debates de la Universidad y en los sociales (aunque no es fácil saber si puedo jugar algún liderazgo intelectual antes de la 'Riqueza de las Naciones' como lo aseguran ciertos historiadores.

En tiempos de Smith la aristocracia por necesidad o por ideas se volvió emprendedora: cosa bien vulgar para los cortesanos de otros reinos. El mayor enemigo para Smith es el mercantilismo de los grandes, de los ricos vanidosos; ¿los que están? - en un concepto de renta para 'explotar' o descuidar la gente o todos que son más en esto que para emprender en las producciones para todos (sería estúpido de descuidar la gente cuando en estas producciones). Opuesto a los que no emprenden manipulando las políticas económicas desde el Parlamento o de su condición de monopolio.

El sistema de Smith no es una herramienta de lucha de clases, aunque pudo volverse así en manos de gente apuradas en reducir, ganar y acumular. Funciona con una idea de fusión de clases. Pero pragmáticamente para que todos tengan capacidad y derecho individual de tomar el 'ascensor social' (no es su término pero bien hay esa posibilidad). No es que promovía la desigualdad sino que constaba de su existencia (¿concebía que una sociedad estructurada podía mostrar desigualdades?) y podía pensar resolverla con los individuos y ciertas formas de elitismo; viendo por lo tanto lo que significaban grupos de poder, fuerzas en conflictos en una época cuando el ser humano en su gran mayoría podía ser sacrificado al nombre de cualquiera política de Estado.[xxx]

Para Smith es importante no entrar en conflicto, ni sostener los monopolios, sino de acceder y entrar, tantos como pueda ser, en la capacidad de emprender y desarrollarse en la (buena) producción: ¿un poco como 'todos contribuyendo al stock de oportunidades'? - En tiempos en que Escocia parecía algo abierta a esto. ¿Oportunidades? El pensador economista jurista actual Amartya Sen ha leído sin duda a Smith, así como el jurista pensador también muy actual: John Rawls.

Habiendo encontrado que los fisiócratas franceses ponían por exclusivo la riqueza de la nación sobre la producción agrícola o natural; creando por lo consecuente una modelización de circuito económico los 'pies en la Tierra'. Pero, sin olvidar que: Quesnay, médico del Rey, contemplaba bien que mucho de eso entra mediante extracción y tasas, en las arcas reales. Esto también pudo inspirar a Smith para la economía real (de la gente en general). Corresponde a Smith una anticipación más completa de sectores de producción, la diferenciación ('púdica') de una economía de ocio (denunciada) de una producción dirigida al mejoramiento de las condiciones de la población (explícitamente 'la buena' producción) y a unos conceptos de contabilidad nacional; no es la misma cosa que un concepto de presupuesto nacional. Con mucho cuidado desarrolla en detalle los mecanismos de la microeconomía productiva (de paz y como átomos individuales o unidades productivas algo microempresariales).

Considerando el pasado de los reinos 'productores' de guerras; frecuentemente en conflictos internos; cambios de dinastías u observando que la colonización española de América logra, por efecto de su extracción de plata y oro del Nuevo Mundo; alimenta el mercantilismo europeo. [*Los piratas ingleses y los corsarios franceses extraen su parte, vertiéndo una buena parte en sus países respectivos. España el dueño colonial, por efecto de reducción productiva en la metrópoli, más o menos relacionado a las necesidades de mantener su imperio colonial y presencia europea y debiendo contar con desastres ocasionales que pueden mucho afectar una potencia concentrada (el más conocido el desastre de la 'Invencible Armada'), se extenua en un considerable espacio, tiene que endeudarse sin cesar. Su decaimiento temprano, siguió hasta el siglo XX. Algo como la maldición la renta! Mas que la venganza del inca.*

*El asentamiento de la familia borbón en el trono ibérico (gestión de su rama francesa) y sus reformas tendrán más por efecto de 'molestar a las colonias' cuando las reformas borbónicas pedirán más humanidad en las relaciones de los colonos con las etnias (fin de las encomiendas y moderación del repartimiento).*

*El liberalismo individual (no imperial) de Smith, aunque que la historia sobre lo que siguió, tomará un sentido 'genuinamente imperialista'; las pérdidas humanas en nombre de la civilización o del derecho del pueblo superior de mandar; para liberar las naciones de sus protecciones (erectas para proteger los intereses locales particulares o...nacionales). Grandes especulaciones habrán y las potencias imperialistas del siglo XIX podrán nacionalizar los intereses de sus ciudadanos y enredar las economías ajenas en sus redes coloniales.*

*Las grandes compañías comerciantes, sin vergüenzas cuando sus conquistas, después de algunos correctivos para ética cosmética podrán, en el siglo XIX ser nacionalizadas por su Estado; volviéndose más fácil de "proteger"; monopolios cuando sus estragos necesitaran fuerza para disimular o abrir los países negandose. A su vez 'grandes individuos' sintiéndose libres de implicar su país en sus empresas coloniales masivas. Procónsules reales o imperailes improvisados, encontrando sin mayor dificultad los empresarios en su país de origen para apoyar sus empresas individuales.*]

El liberalismo de la obra de Smith parece mucho más querer liberar las fuerzas productivas creadoras de conjuntos socio-técnicos virtuosos trabajando al progreso de todos; [*bien diferente de esa forma de liberalismo nacional imperial del siglo XIX donde mucho se desconecta. Este segundo proyecta sus monopolios o carteles sobre todos los mares del mundo desde y para mantener la supremacía se su nación y preeminencia de su territorio metropolitano. Se pasó de la recuperación de los piratas (invitados en re-establecerse en Inglaterra así de Drake por la Reina de la Virginia) a una de promoción o respecto directo de sus grandes capitanes de empresas imperiales más ejemplar de esos Cecil Rhodes.*]

De notar al respecto de los modales de Adam Smith el contraste con lo que caracterizaran el liberalismo del siglo siguiente:
- sumamente analítico, Smith entrelaza descripciones anecdóticas con explicaciones y lecciones, modulo argumentativo que menciona en su introducción;
- de evocar este 'más brillante' y más cercano estudiante de Adam Smith para creer en el humanismo social de su maestro;
- mayores esfuerzos fueron necesarios para llevar a cabo estudios de condiciones sociales de impacto del gran capitalismo industrial, se tardará años sino décadas (años 20-30 del siglo XIX para los primeros oídos) para obtenerlos e inspirar políticas sociales menos arrechas;

- tardarán 'revoluciones' sino 'sectanismos' (neologismo mío), para calificar esas experiencias alternativas comunitarias de socialismo utópico de derecha o de izquierda (¿más conformes con la visión de unidad productiva de Smith?), para que algunas políticas correctivas se implementan; con muchos cuidados de los ricos de dinero (prohibición parcial del trabajo de los niños; limitaciones de las horas de trabajo, respecto del domingo, etc.);
- aceleración 'cortante' de las investigaciones tecnológicas con los cuidados sociales; supuestamente porque las primeras aportan progreso tienen derecho en descuidar los humanos;
- de ver también el contexto, los motivos profundos y la estrategia de Smith no brutal, si uno toma por completo las sugerencias de su sistema, para convencer el lector, estudiantes, decidores de promover la libertad del individuo.

Contrastando con esto los modales del siglo de XIX de imponer reducciones y abreviaciones; para provocar las luchas de clases, de pueblos, étnicas y de naciones. División del trabajo que busca resolver la escasez como reducción de costos o expansión de derechos de otros sobre los otros. Imponer acciones tales como impuestas por los monopolios casi propietarios del Estado bien puede llevar, sin sorpresa, a reacciones creativas sin ser pura invención, salida de la mente de Marx.

Concretamente: Smith y Marx son dos pequeños burgueses genios tempranos de erudición, aplican métodos analíticos muy parecidos y compatibles, desde que uno piensa en complementar las lecciones brutas de la Historia para analizar las causas subyacentes. Quizás Smith fue más sugestivo, para que las reacciones parezcan 'personales'. Lo que ambos trataron de hacer; en periodos diferentes de la historia. Ambos con el mismo fin y la misma honestidad intelectual y ambos muy tomados en serio, en escalas antagónicas precisamente en donde discrepan: Smith más local urbano-rural y Marx más cosmopolita urbano-industrial. El capitalismo (imperial u socialista) llevo sus guerras en forma ideológica y en base a una canasta pobre de pre-conceptos recortados de Smith.

Claro con la utopía de Smith es más fácil hoy en día, quedarse neutro, Ricardo facilita la brutalidad sofisticada de la modelización matemática (y Marx mucho lo leyó). También ya se han podido ver correcciones del capitalismo salvaje pero en lo económica algo tardio, así del Keynesianismo, después de 2 guerras mundiales. También porque sería de esperar que alguna matematización está a la esquina tal como con la Teoría de los Sentimientos Morales (hoy en dia se matematiza mucho la cooperación o los juegos estratégicos humanos). La paradoja está en que si según A. Smith a los inculpados hay que juzgarlos por los hechos; a los sabios de la historia y sus premisas, los historiadores nos tienen que permitirnos estimar más bien sobre las intenciones.[xxxi]

[*El Siglo XVIII en Escocia:*
- *para entrar en el siglo, a fines de los 1690' por el Reino de Escocia, hay el fracaso de una colonización de Darién (istmo panameño), esto hundió hasta más del cuarto de los ahorros de las tierras baja que respaldaron el proyecto, probablemente esto crea un antecedente para que Escocia mira más a si misma con respecto a su desarrollo;*
- *1707 desaparece el parlamento escoces (la representación pasa en Londres);*
- *1716 estallido de la Burbuja especulativa del Mar del Sur;*
- *1723 aparición de la Sociedad para el mejoramiento de la agricultura, publicación de "El Interés de Escocia" seguirán otros documentos hasta fines de los 60'; nace Adam Smith;*
- *1727 aparece el Banco Real de Escocia;*
- *Escocia experimenta un buen crecimiento entre 1730 a 1770;*

- *1739-40 es un año catastrófico para las cosechas: falta de información y exceso de reclutamiento de la Royal Navy, la crisis se resolverá gracias a una importación masiva de granos,*
- *pero en el futuro se tendrá mejor información y mejor organización del servicio local, las crisis venideras que serán mejor compensadas (con tal que las hambrunas del siglo XIX, en Irlanda, por falta de sistema de información se vuelven más extrañas ¿descuido de la necesidad de esa función del Estado en Irlanda?);*
- *40' se desarrolla el hurto de ganado en los Highlands (¿extensión de las expulsiones y/o transformaciones agrarias?) y epidemia en el ganado durante la misma década;*
- *40'-60' difusión del cultivo de la papa en Escocia;*
- *1750 primer alto horno de Escocia, los siguientes aparecen en los 60';*
- *50' aparición del sistema bancario propiamente dicho, algunas crisis de principio;*
- *1762 desbalance severo de la economía escoces (¿rescate inglés?), fin de la guerra de 7 años; se incrementan los asentamientos de escoses en Norte-américa; (por haber sido con el Reino Unido cuando la guerra de independencia Norteamérica 1776-1783, estos asentamientos tendrán que reubicarse en Canadá o regresar a Escocia; en forma más común hay siempre lo que re-establecer los soldados desmovilizados, en proyecto rurales, sin éxito);*
- *1760'-1850 desarrollo considerable de grandes hatos de ovejas, de hasta 2000 cabezas (por hato);*
- *70' implementación de nuevo tipo de molinos de agua en Escocia;*
- *Eliminación de las leyes de las importaciones de granos entre 1773-1775, abolición definitiva de las barreras a estas importaciones (liberalización);*

- *1773 Roebuck el socio de James Watt en bancarrota, Watt tiene que ir a trabajar en Birmingham con Boulton;*
- *1780 apogeo de la industria rural;*
- *1782-1783 malas cosechas en Escocia;*
- *Tratado de Versalles (de independencia de los EE.UU);*
- *A partir de 1790 mecanización más sistemática del campo escoces, es también el año de la muerte de Adam Smith]*

Cuando un siglo después, la Revolución Industrial habrá desplegado sus segregaciones sociales y difundiendo las ideas francesas de su primera revolución; establece el antagonismo de clases como modelo de conducta de masas. Por acción o reacción como 'torciendo el brazo' del proyecto de Smith, se establece un liberalismo imperialista supremacista, 'de combate' más o menos socio de los poderes centrales reaccionarios... cuando útil para los negocios.

Ahora bien, a continuación con notas de lecturas de contexto (más que hagiografías de Smith), de atreverme en anclar comentarios que hasta ahora el lector no identifica bien a mi lectura atenta de la obra, o sea desde un esencial citado algunos 30 extractos seleccionados; en segunda filtración, en seguida del Esencial de R. Heilbronner.

## Cosas que Adam Smith escribió y explicaciones

**(1) Cualquiera política (de intervención) tiende a incrementar el precio del mercado por encima del precio natural y tiende a reducir la disponibilidad pública. La preferencia y la escasez son en verdad la misma cosa".**

Breve frase que junta, en un mínimo, media docena de conceptos esenciales de la economía llamando la atención sobre la densidad de Smith o porque el tuvo seguidores. De esos conceptos 3 o 4 siguen muy vigentes. Otros requieren re-interpretaciones:

- Su precio natural me parece una mezcla (bien justificada) de los costos de producción y del interés de los productores; así como con un margen 'especulativo', de negociación competida y razonable, en el mercado de intercambio.
- Mi lectura es también que tiene una buena diferencia entre los productos de bienes socialmente importantes en su época que hoy se califican como 'esenciales' sin descartar que con el desarrollo pueden ampliarse (extender su base).
- De agregar que Smith parece en contra de los productos para satisfacer las vanidades, consumo festivo u ostentoso de los grandes, que tienden a ser más únicos que numerosos para todos (según leído in el Esencial).
- De esto que Smith anticipa el concepto de utilidad y este probable parece ser el sentimiento de la persona pero con respecto a lo social (utilidad social moral).
- Smith acuerda con Hume que la noción de utilidad sería como una especie de conveniencia (así como lo hará Bentham); pero con una naturaleza que la 'impone de esa manera'; mientras es la decepción (¿frustración por efecto de la escasez?) que emerge y mantiene en movimiento los humanos en su industria (¿para la humanidad?). [xxxii]
- Gran es su preocupación para que las variaciones de precios de intercambio (aquí hay otra gran consideración entre 2 precios el 'natural' y el del 'intercambio'; con variaciones necesarias según Smith, pero muy probablemente dentro de lo razonable;
- Si bien no expresa precisamente el concepto de 'precio justo' de San Agustín, hay razones para pensar que espera moderación en las diferencias entre precio natural y precio de intercambio y que 'deben' a lo mejor converger hacia el precio natural, en un contexto de mercado no crítico, pero …

- ¿Control de precios o no? - en tiempo de crisis, si no hay otro recurso ni alternativa (en sus tiempos la solución consistió más en liberar los precios, suprimiendo las tasas aduaneras para más fácilmente importar, Escocia más viviendo periodos de escasez).

- De esto su crítica de toda especie de sesgo por (co)hecho de política o de 'monopolio'; a veces la hace en un tono opuesto a la especulación y con una concepción humanista de las relaciones en los mecanismos de mercado (libertad de los actores, uso de todo recurso de substitución de los bienes 'importantes').

*¿Precio liberal de mercado? - mejor cuando cerca del precio natural de referencia.*

La preocupación de Smith es clara: esta contra todo lo que puede afectar la compra por la población, en general y si uno tiene en la mente de hay muchas razones para pensar de se trata de los "productos esenciales" o necesidades primarias y del público. Claro las cosas son más complejas. Si bien no se debe descartar las producciones secundarias probablemente porque generando empleos; se puede imaginar que a medida del incremento de la división del trabajo y de la riqueza o de aumento del poder adquisitivo de todo el público, la economía pasará a ser más 'fútil' si hay más abundancia: será más bienestar para todos. Así su prioridad parece algo moral cuando todavía non son satisfechas las producciones principales: el interés de cada cual está más dentro de lo que sirve a todos.

Pocas dudas se pueden tener sobre el estado de ánimo de Smith en contra de la producción ostentosa, los gustos para el consumo sometido a las movidas de la moda etc. y se puede agregar: especialmente cuando co-existen a la par de la indigencia de la mayoría. No aprobó el 'coeficiente' entre el rico (¿acaparador?) que esta al medio de 500 indigentes.

Tiene conciencia que la división del trabajo puede afectar la riqueza intelectual de las tareas obreras o las calidades marciales de los mismos movilizable y parece concebir que corresponde al gobierno (de los ciudadanos o ediles o de algún gobierno central) de prevenir eso.

Parece la preocupación de Smith con respecto a un gobierno más en contra de su forma central y lejana de las realidades que en contra un gobierno local burgués (en su sentido ciudadano geográfico). Pero acordemos que más estudio se requiere para examinar como plantea y resuelve esto a nivel local, con competición, discusión e intercambios es algo seguro.

**(2) "Los ricos están llevados por una mano invisible en hacer la misma distribución de las necesidades de la vida, que hubiera podido ser, la Tierra dividida por iguales partes entre todos sus habitantes... la distinción de rangos, la paz y el orden de la sociedad se basan más, con seguridad, sobre las crudas y palpables diferencias de nacimiento y fortuna; en vez que sobre la mano invisible y la frecuente diferencia incierta de la sabiduría y de la virtud".**

*La mano invisible*

De hecho la metáfora de la mano invisible de A. Smith la menciona, pero raras veces, y como un concepto de micro-regulaciones distribuidas entre todos como algún impulso interno, individual y universal o «trascendental». El concepto aparece:

- en su revisión histórica de la astronomía, por efecto de distribución de la naturaleza ;

- en la Teoría de los Sentimientos Morales como una distribución moral compartida;
- en la Riqueza de las Naciones como un impsulo distribuido entre todas personas privadas pero en pro del interés público.

En definitiva una parte universal inmanente, inclinación positiva (¿reactiva a algún efecto negativo?) distribuida entre todos...

Hay también gran densidad de los conceptos que requieren de nuestra parte interpretaciones algo especulativas. Primero los especialistas o la consulta del capítulo entero pueden ser necesarios (en la internet es muy fácil, sus libros se encuentran muy accesibles).

Smith diferencia entre sus 'buenos ricos' (los de su utopía son los que invierten 'bien') o los que tuvieron buena fortuna por buen trabajo de los 'malos' que se compran la servidumbre para su corte, satisfacer sus caprichos ostentosos, las modas. Mientras tanto, analíticamente, la vertiente materialista de Smith opera con las evidencias, cooperativamente, tolerancia y para lo tangible.

¿De rectificar esa extraña relación? - en las mentes de los que ven a Smith como el liberal sin corazón en exclusivo para la libertad de empresa, en contra de todos estos 'socialistas' con corazón de verdad.

De leer también en Smith esa esperanza en un día futuro de pueblo (o Nación) rico, cuya mayoría podrá llegar al soñado ideal (¿capitalista individual o social?); un tanto como "à la recherche du temps perdu" (en busqueda del pasado perdido) llamada distribución original igual entre todos. De notar en el arte de la pintura, para las vanidades, pero que se remontan a la Edad Media (calavera simbolizando la muerte) que fueron bien prolongada en los países protestantes (pintores burgueses de Flandes). Es algo escondido en Smith pero muy consistente con su personalidad: inocencia dicha en "distribución material comunista original"; cumpliendo con el circulo espiritual de buscar la igualdad frente a la muerte: economía humana del individuo.

Sin haberse casado ni tenido hijos conocidos, Adam Smith no tuvo que pensar en dejar algo por transmisión directa.

La « mano invisible » el pequeño concepto de Smith que ¿no hizo muy explicitico? - pero este no es el único concepto 'genérico' que tiene y este corresponde probablemente a Dios en cada uno, como esa parte en conciencia de todos. Pero hay que entender porque fue tan poco claro al respecto. Su método socio-histórico y analítico específico tiene razones  con su condición  humana y su cristiano tiende en no definir esto quizás porque:

- hace un libro de sico-(sociología), es decir de filosofía en su época, elevado a una minuciosa análisis y homogeneidad (enfoque) de la argumentación (muy antes de Durkheim y de sus reglas del método sociológico), Marx también procedió así aunque en un registro clasista-político-antagónico;
- análisis  de  las  construcciones  socio-antropo-históricas (anticipa mucho Marx, pero el procedimiento no es tan nuevo);
- sabe muy bien de los problemas puestos por las guerras religiosaso de grandes estados absolutistas y por efecto de prácticas de filósofo (científico en esa época) de ciencias morales (¿consciente de crear la economía?)
- no quiere nombrar Dios como el dueño de la mano invisible;
- es posible que aun escéptico cree en Dios pero, por modestia científica (en la sencilla tendencia de la época de separarlo que los asuntos de la filosofía natural; así no lo quiere mencionar; ni ser demasiado explicito;
- se trata de no atar el sistema razonado y racional animado por su ambición de un mundo mejor  basado sobre la satisfacción y felicidad de todos y su 'fortuna'  por mérito y

éxito en conseguir beneficios para toda la población (de lo que leí, Smith no parece para nada pre-maltusiano);

- tal como él era pensador introspectivo uno puede también, con seguridad, imaginar que estos mecanismos íntimos o motores sociales universalmente compartidos y de regulación que los economistas modernos increyentes pueden atribuir a otra cosa (*tâtonnement*, micro-avances hacia algún equilibrio, etc.);

- claramente esto apunta explícitamente hacia un concepto de equilibrio tanto micro como (esperándolo) macro y una conciencia de las diferentes escalas de su época (mundo 'convival' de Escocia, mundo con más 'desigualdades' con Inglaterra y más universal del occidente europeo); su 'ignorancia' parece más voluntaria;

- tienen, los especialistas de su vida, que aclararnos si la convicción deísta de Smith se asemejaba al concepto masónico de Dios en su figura de Ser supremo (no encontré indicación de que hubiera podido ser masón), pero bien menciono algunas pocas veces el arquitecto supremo.

Para resumir: de la mano invisible habla poco pero en tres documentos y quizás seis ocasiones, tiene mucha la figura de la cosa que anima en lo profundo. De arquitecto supremo también habla poco, pero bien podría ser el propietario macro del micro mano invisible. Al medio es de pensar que somos dejado «libre»

*[Algunos autores ven a Smith como perteneciendo a una corriente moderna de la Iglesia de Escocia ('reformada'). Parece admirar, más o menos explícitamente, las calidades de los empresarios protestantes, los mismos que Max Weber: calvinistas. Otros lo ven deísta. Pero es amigo también del secretario, conocido ateo, de David Hume. Cual que sea la fe del lector o su agnosticismo, en verdad es mejor respetar la precaución de Adam Smith.*

*En fin ... en un muy breve opúsculo de G.E. Davie, "The Scottish Enlightement" publicado en 1981 por la asociación de historiadores del Reino Unido, encontrado penosamente en una librería de secunda se procuran algunos elementos de contexto sobre los debates metafísicos y socioeconómicos de aquella época. Parece confirmar ciertas ideas arriba y establece una conexión muy interesante, sabiendo que Smith pasó o pasará por Ginebra, aunque, más se sabe, para visitar Voltaire en Ferney, pero quizás no el solo: o sea*

- *reporta de la "mano invisible" en los debates escolásticos y en asuntos curriculares (que propiciaron la libertad de pensamiento de la Reforma)*
- *bien parecía evitar Smith, de meter a Dios en cualquier asuntos humanos, sin tener una reputación de ateo;*
- *se introdujo la religión protestante (presbiteriana o sea calvinista) en Escocia y toco por supuesto especialmente las universidades escoceses eso abriendo las puertas de las semejantes en el continente, especialmente Holanda,*
- *El ensayo de Smith sobre la historia de la astronomía tenia propósito de aportar al debate sobre el balance de las materias científicas y religiosas en los currículos,*
- *Asi en los 50' del siglo XVIII, era en el debate público el concepto de la "mano invisible" y originalmente ya parecía haber obtenido el beneplácito del mismo Juan Calvin (teólogo del siglo XVI) como el progreso social producido por la habilidad de la Mano Invisible para logar buena inclinación (cristiana) cuando expuesto a micro-contrastes (intentando explicar aquí en términos modernos].*

*O sea ni la expresión ni el concepto original son de Adam Smith. ¿Hubiera podido el tener un concepto diferente? Vemos que lo emplea con economía, como 'muy natural' en una diversidad de registros.*

*¿Porque no simplemente pensar? que valido el concepto, como necesario, para su obra sin querer ser proselitista. Tampoco el es para afirmar la falta de existencia de Dios (no hay motivo de creer que Smith es ateo). No era el para cortar al más extremo margen de incertidumbre universal.*

*¿Podría ser que Smith visito en Ginebra otras personas que Voltaire? - de recordar la orientación favorable a los negocios de los calvinistas de Ginebra.*

*O sea un tanto un concepto de micro-regulaciones de reacción "discrepante" cuando el periodo de composición de la Teoría de los Sentimientos Morales o antes cuando el ensayo sobre la historia de la astronomía; coincidiendo con la época de introducción de currículos algo presbiterianos, pero Smith habiendo abogado por más ciencias.*

*Asi faltando que los historiadores precisan:*
- *si el concepto de mano invisible de Smith es propio (interno al individuous y antagónico, es probable que no,*
- *si la relación de la mano invisible a Dios es un tanto confirmada, queda ambigua: las acciones de la mano invisible parecen metafóricamente como "cosquillas o rasguños" para producir buenas reacciones o inclinaciones morales, pero esto podría confirmar la sutileza estratégica de Adam Smith;*
- *hasta donde Smith concibió su obra con esa estrategia de engendrar reacciones indirectas;*
- *si el potencial caritativo existía bien en el calvinismo de aquella época y si pudo inspirar a Smith, que por naturaleza humana civilizada, la beneficencia de los burgueses "es espontanea"; Ginebra siendo una plaza universitaria, religiosa, tolerante, financiera con ambiciones éticas (¿en aquella época también?).]*

En resumen de notar de la citación como Smith pudo anticipar en forma y densidad extraordinaria, muchos principios modernos, tras-corrientes, de las ciencias sociales y económicas o dicho de otro modo hasta donde usted podrá sentir en qué grado el mundo moderno clásico occidental se inspiro de su obra. Interesante es agregar hasta qué punto las precauciones del pensador 'enfocado' fueron abusadas por supuestos herederos; extremistas para justificar sus extremidades de prácticas. Provocando ellos, menos de un siglo después una lectura antitética pero necesaria de otro pequeño burgués genial, reflejo en el espejo de Smith con métodos tan semejantes a el: Marx.

Ahora con respecto al gobierno según Smith La política económica del gobierno civil tiene que ver con:
- la división del trabajo (ya la menciona en sus lecturas de jurisprudencia, realizada bien antes de las dos obras mayores) pero más bien desarrolla sobre las interferencias negativas del Estado; habría, por lo tanto, que precisar el nivel de autoridad al cual piensa, así como a su definición del gobierno civil y cómo sus lectores pueden interpretar las circunstancias excepcionales o criticas;
- apunta a ideas de cierta forma parecen hoy dentro del registro de las ventajas relativas: clima (producción agrícola y especialización de las naciones o territorios), división del trabajo (como grado de desarrollo); combinaciones oportunas de los medios ¿concepto de gerencia de los medios y funciones de producción? – donde hay los hombres, las máquinas y los animales. Los animales como produciendo lana y bien necesarios para el transporte en caminos con un clima que dificulta las vías terrestres.

Adam Smith es social en la sociedad con buenos modales, urbano pero mantiene modestia y austeridad de vida, incluso cuando ya cómodo con ingresos cargos, honores y merito. Esto puede servir de guía para conocer de sus preferencias. Si bien su mensaje académico tomado por sus estudiantes era impregnado de tolerancia y expresión general; muy dedicada en no ser sectario y, respetuoso tanto del derecho de pensamiento y palabra como de un orden social (que parecía ir en el buen sentido de los sentimientos morales).

**(3)** **"usted que jamás ha aceptado en su más profundo trocar su libertad para la servidumbre a la grandeza de una corte; pero de vivir libre, sin temor e independiente... jamás se acerque a cualquier circulo de ambición".**

Más allá del concepto libertad modesta y honrada de la vida de Smith, de conocer la historia de Gran Bretaña como la conoce en la actualidad del Siglo de las Luces escoces. Adam Smith bien sabe de los riesgos y peligros de ser cortesanos ingleses ambiciosos 'facilemente aplastados por los relatos históricos': Dinastías 'sistémicamente' en guerras, conquistas, economía de dominación. A la par es cierto de una Carta Magna que procuro contrapeso significativo, que permitio que una administración nacional se construya (con fuerza a su vez brutal). La consolidación a lo largo de los siglos de tal parlamento todo esto llevo a una construcción nacional con semejantes modales: fuertes y de coaliciones para conseguir monopolios comerciales.

Las 'reglas de juegos' simplemente y directamente contrastan bien con el periodo de Adam Smith y sus valores de habitantes de burgos. Primera la corte real, en seguida de los grandes nobles aunque en este tiempo con las lindas y elegantes ideas preciosas de las luces francesas. Bien esto puede explicar también el análisis de Smith, los artífices de linda y buenas ideas humanistas del Siglo de las Luces de gente de cortes, distinguidas y elegantes, pero en francés, a la par de las realidades mucho más crudas y brutales para la gente del pueblo. Motivos para alimentar el escepticismo de Smith.

Esto era mucho más el escenario, por lo cual Smith podía ambicionar de "liberar a todos"... para que se pueden dedicar individualmente a un bien estar más eficaz para todo; en vez de ser enlistados en algún clan, en guerras civiles, armadas de conquista, corte dependiente de extracciones, inconscientes de los ciclos de producción o al contrario bien predadoras de estos.

*[En Europa continental las cosas se plantean, sin discriminación en juicio de valores, al estilo de Voltaire, quizás con maneras un tanto diferentes. Periodos absolutistas producen Cortes reales menos peligrosas, más histriónicas con mayores beneficios a los cortesanos. Pero por cierto esto lo paga las poblaciones en sus conjuntos, a través de los impuestos e venta de los monopolios por el Rey. Las tasas y gestión de los administradores de los nobles y cuando las guerras; los nobles, oportunidad de distinguirse, levantan sus regimientos (los aristócratas tenían que pagar pero se pagaban en seguida gracias a sus victorias).*

*Los burgueses acomodados pueden comprar la fuente de su riqueza al Rey (licencias y derechos) es un gran mecanismo para alimentar el presupuesto de la Corte y del Estado pero es insuficiente y es con frecuencia necesario de obtener préstamos. Asi las Casas Reales tienen que conseguir préstamos para sus guerras y eso arruina sus países.]*

Claro el desarrollo del capitalismo liberal burgués con las protecciones del Estado imperial producirá otras formas de desastres sociales, recomposiciones europeas (han anticipado el capitalismo industrial), un colonialismo emprendedor y hasta guerras mundiales. No para negar que Smith pudo dejar estas reconversiones y metamorfosis porque 'sin luces' sobre los grupos de poder y clases de ambición económica, pero su verdad individualista puede también venir de la complejidad de las perspectivas sociales (¿algo como lo podrá pensar Ortega y Gasset?)

Una cosa es algo cierta, el individuo humano necesitaba plantearse más integro al centro de sus juegos económicos. Hoy en día el mismo no como etiqueta abstracta o humano promedio pero como unidad con sus distribuciones y propiedades en campos ambientales cuantificados.

Pero hasta hoy, inicio del siglo XXI, ningún autor social, antropólogo, socio-economista, sico-social, político-cultural, nos ha procurado una buena teoría metafísica de relaciones, interacciones y regulaciones sociales para adjuntarla en verdad a esas unidades humanas en sus campos efectivos.

Es decir bien conformable en términos de integración (material), intermediación (conceptual) y proyección (efectiva), todas tres 'firmadas': positivas o negativas. Claro se han producidos dogmas de relaciones sociales; generalmente discriminatorias, de servo-control o sumisión; negativas: para empoderar un modelo ideológico supuestamente a mismo de traer 'riqueza' menos que bien distribuida...

Precauciones en estos modelos ideológicos de pensadores honestos son frecuentes y bien importantes. Pero siempre son secundarias y/o deficitarias. No tanto creó, por falta de gran talento, sino que por dificultades de ser "completo".

Ahora se exploran parcialmente y 'deshumanizadamente' en las ciencias de la complejidad y empezándolo en las neurociencias cognitivas. A manera que se tiene que re-examinar cosas 'extrañas' a su vez que mencionaron Descartes, James, Bergson, Vitgoski. Esperando aquí, enlistar también a Smith y algunos otros... tan pronto que llegará nueva revolución parteneana (por talento de Atenea) de las ciencias formales, al servicio de las prácticas democráticas humanistas.

**(4) El gran hombre de Estado: "cuando no puede establecer el derecho, no desdeñará la eliminación de lo malo... cuando no puede establecer el mejor sistema de leyes será comprometido en establecer lo mejor que pueda soportar el pueblo".**

*Estado de Derecho, Empresarios y División del Trabajo*

Reclamando un Estado de derecho riguroso y dando el marco del orden público (¿a cargo del gobierno público y del Estado?); Adam Smith indica muy claramente que el sistema jurídico debe de ser equitativo entre todos, basado en los hechos y efectos; parece en su mente para asegurar la paz al 'desarrollo'.

Lógicamente es indispensable en vista a esa época pre-revolucionaria industrial donde las premisas no parecen ya imponerse con fuerza: se necesita tiempo, esfuerzos, precauciones y apoyo para, por un lado conseguir las maquinas e innovaciones apropiadas y por otro lado los conjuntos operativas y de organización (división del trabajo). Imaginando que los que Smith admira (?) o busca apoyar son los proto-ingenieros, los agrónomos, los mercantes emprendedores (bien dedicados a las mejoras que no desgastan humanos), los capitanes (bien dedicándose al transporte de buenas mercancías) los empresarios que soportan con inversiones, recursos o ponen stocks a disposición, para mejor dedicarlos a la producción, etc.

*[De hecho leyendo los retratos de empresarios típicos de aquella época en Lenman hay de todo:*
- *grandes aristócratas impulsando los cambios, financiando la fundación del sistema bancario, asumiendo los riesgos; empleando los pensadores o profesores de la universidad de este Siglo de las Luces, para que los aconsejan en sus negocios; aristócratas administradores de sus intereses, introduciendo innovaciones y financiando;*

- *aristócratas empresarios, cuando sus equivalentes ingleses podían aprovecharse más pasivamente de sus rentas - ¿los escoceses las debían conquistar y/o lograr mejoras?;*
- *aristócratas ex-representantes en el parlamento, retirándose en su tierras después de un revés de fortuna, pero convirtiéndose en empresarios y/o autores agrarios;*
- *parejas binacionales, aristócratas o no, trayendo su gente y conocimientos 'científicos' desde afuera a Escocia;*
- *microempresarios, empresarios medianos numerosos, abundando en cualquier pueblo, ciudad o puerto;*
- *mercantes, mercaderes, pasando flexiblemente a otras empresas, entrando en la producción especialmente agrícola;*
- *productores pequeños cultivadores, pescadores y familias en la división del trabajo de complementos de ingresos debiendo mover su producción de los meses de invierno a los mercados;*
*Y teniendo probablemente que agregar;*
- *científicos, profesores y relaciones universitarias atraídas por Escocia y la apertura de sus universidades, en tanto que no llegan animados por ningún dogmatismo clerical: libres pensadores.*]

Uno se da cuenta de la diversidad de los empresarios y puede imaginar que Smith viendo esa diversidad pudo imaginar que las definiciones categóricas cerradas no aplicaban; mientras que su sistema no excluye que desde lo más humilde uno puede (¿y debe?), con algún apoyo, sobresalir[xxxiii].

Es probable que Smith tenga esa diversidad y división de su sociedad, en la mente o bajo los ojos y lo que concibe es une reconversión de las divisiones sociales en unas divisiones más inteligentemente articuladas del trabajo en pro de las producciones; que van así integrando y ordenando redes de producción; reduciendo los motivos de pérdidas (de trabajo disperso y materia primar) y sistematizando las operaciones para producciones más cuantiosas, más a mismo de subir en escala, ayudados por las máquinas.

Las máquinas que tienen, en tiempos de Watt, las grandes, importantes en potencia, todavía observan un lento proceso de diseño, construcción unica, implementación a lo largo de meses, pruebas y mejoras. Mientras la mayor parte de la industria es elementaria cerca de la gente y lo que importa muy claramente a Smith es que estén involucradas en los procesos productivos.

No de tener 'maravillosas maquinas', tales como pudo ver en el continente, que funcionan sea por el divertimiento de la gente sea sub o no utilizadas sea para supleer las Cortes. Los grandes sistemas no como hoy, efecto mayor de la revolución industrial, son obras que tardan meses o años, para entrar en operaciones remunerativas (nuevos molinos de agua, máquinas de vapor que deben se poder ser reguladas, más energéticamente eficientes, etc.).[xxxiv]

A manera de hipótesis, Smith ya podía tener la división del trabajo por la diversidad cooperativa de la gente, bajo los ojos y esa funcionaba. Por lo cual su división de trabajo tenía que ver con ganancias sistémicas, conseguir mayor escala para conjuntos productivos todavía a escala humana (pocas decenas de obreros o productores dispersos en un paisaje cercano). Era de reducir las pérdidas de tiempo, las trabas a los procesos por efectos de grupos excesivos, prevenir las interferencias de monopolios (distantes), las segregaciones, las preeminencias que afectaban los procesos productivos geográficos (locales) y temporales (fácilmente desorganizables).

Bien dice que es para más producción, para satisfacer las necesidades de más gente: para resolver la escasez y tener menos desgastes. Mientras era en algo consciente (¿no le suficiente?) de que esto implicaba modificar las relaciones de trabajo. Quizas apuesto que: pasando por el individuo mejor dedicado a la producción, en un ambiente con confianza en esas relaciones, más que por refuerzo de relaciones de subordinación, como lo deja escapar en algunos comentarios. Cuando las relaciones de subordinación eran en tiempos de Smith, en grupos, clanes, armadas o talleres de las industrias para los grandes; con derecho de vida y muerte.

Hay una lógica en que, si todos están dedicándose a trabajar por sí mismo (salario, interés propio) pero a las producciones que resuelven las escaseces de la sociedad; buscando todos los ahorros con buena virtud; para toda su sociedad. Tratándose en primero de la más cercana: de los hijos, vecinos. ¿Podía Smith anticipar esa extraordinaria extensión de las relaciones verticales?[xxxv] – que produjo la revolución industrial; distanciando tanto el entendimiento de la proximidad que obliga a intermediar las manobras fabriles con estadísticas, métodos 'científicos' de trabajo basados en la desconfianza en los operadores humanos, reduciendo su motivación a un estrecho interés pecuniario, despreciando su capacidad individual de mejor entender la complejidad aun simplificada de su porción de cadena productiva.

Smith, el académico logra decir mucho, constar mucho y tener numerosos implícitos... sutilezas desapercibidas en las futuras batallas ideológicas. Imaginándome que esas sutilezas eran muy importantes para el un tanto como hubiera podido decir: "descubren las buenas condiciones morales de mi economía empresarial e individual y háganlas suyas". Porque por otra parte él bien debía de saber que, cuando las crisis: guerras, requisiciones militares, decisiones centrales y monopolísticas, poco importaban los individuos y porque eran mas útiles en tiempos de paz.

*Al respecto de la Esclavitud*

La esclavitud, Smith no la confronta como un sistema, pero condena claramente los maltratos; explicando la falta de beneficio e interés económico en los maltratos (no va hasta 'demostrar' la perversidad de esa economía. Puede desconocer hasta dónde van los métodos de la captura, reducción en condición de esclavitud, condiciones de transporte a las Américas.

*[Por lo tanto su 'maestro' y amigo David Hume tuvo el poco acertado comentario de que "los africanos eran por naturaleza naturalmente idóneos para esa condición". Pero bien parece que no se inscribe como discípulo estrecho y discrepa de otras autoridades académicas incluso de David Hume.*

*Unos pensadores pueden verse muy reconocidos por la historia pero no tener poco reconocimiento de su época. Muchos alcanzan autoridad y fama de su vivo y desaparecen (o lo deberían) rápido de las memorias. Adam Smith fue demasiado absorbido en su obra para sistematizar su condenar.]*

Pero por ciertas relaciones parece que sí, Adam Smith efectivamente desaprobó la esclavitud (en su tratado de jurisprudencia); esperando que se terminé; pero dudando de esto porque casi siempre ha existido en todos los tiempos.

*[Los escritos y los relatos en contra del comercio de los esclavos podían existir con algunas voces esparzas en la segunda mitad del siglo XVIII y sistematizándose más bien en los años 90. Bristol, Liverpool, Londres son ciudades las más comprometidas y pudieron tener entre 20 a 40% de la riqueza de sus armadores debido a este negocio: no había mejor para lanzarse en los negocios que de lograr cumplir 'un triángulo'.*

*En 1806 se prohibió su transporte internacional; Inglaterra, primera potencia marítima mundial, lentamente empezó a cuidar su propia ley con variable intolerancia, por ejemplo según las zonas oceánicas. En las indias occidentales británicas fue en 1838 que la abolición se estableció definitivamente]*

**(5) "... para merecer, adquirir y disfrutar del respeto y admiración de la humanidad. Dos caracteres diferentes se presentan a nuestra apreciación, uno de gran ambición y avidez ostentosa, el otro modesto, humilde y juicio ecuánime".**

Los puntos de inflexiones de Adam Smith, en cuales parecen coexistir la parte descriptiva y alguna expresión 'más subjetivas' de su(s) preferencias, no son muchos. Son un poco más claros en la Teoría de los Sentimientos Morales. Por cierto, se comporta de manera científica, bien conoce de su historia moderna y pasada y de los frágiles periodos de desarrollo humano de su sociedad. En ese extracto hay poca dificultad.

¿Conocía Max Weber? - la Teoría de los Sentimientos Morales, porque la ética de los valores protestantes parecen mucho a las de Adam Smith.

**(6) "no es la piedad... pero el amor a su persona que los hombres esperan de cualquier"... "la soledad es más espantosa que la sociedad"... "de todas las facultades en un hombre es la medida por la cual el juzga de las (mismas) en uno otro... no tengo ni puedo tener, alguna otra manera de juzgar de otros".**

He acercado estos extractos a manera de resumir una perspectiva humana individual y social esencial de Adam Smith. Smith menciona por cierto el amor a la humanidad y es de imaginar que no lo excluye sino que lo examina como sentimiento operativo. En un curso de profesor de moral uno puede ampliar en el registro 'amor a la humanidad' y olvidarse del contexto real entorno de los sentimientos sociales. De contextualizarlo no significa que descalificaría el concepto del todo.

Por ejemplo decir que el amor a la humanidad es residual o que no preocupa el humano común y corriente no más de un 15% no significa que no deba existir ni ser efectivo. Esto es el sesgo y prejuicio del ejecutivo que no necesariamente procede del filósofo moral que creo la economía clásica.

Metodológicamente es de ver, fuera de ese acercamiento de argumentos formando un balance. Un pensador como Smith completo o integro que 'no dice todo y su contrario', no es su estrategia en su exposición de argumentos. Las microregu-laciones entre conceptos, los balances elementos contrapuestos y los equilibrios son permanentes en su mente. Incluso es lo que dice sobre como escribe. Diferencia además muy bien los desfases de niveles y estos diferenciales me parecen indicar que:

- no es propicio leer Adam Smith solo como el economista de los montos generales y sin concepto de las variaciones (al contrario de la imagen tradicional que se le atribuye para contrastarlo con Ricardo, el cual sería el de las variaciones),
- Smith era a mismo de considerar ambos, por efecto de su lectura de Newton (a menos que estos escritos no eran tan bueno en calculo diferencial) y bien parece que los hace en relación a la economía de su época.
- Smith las intento a su manera considerando diferencias cortas o largas de stocks y con respecto al tiempo. Ricardo por haber sido especulador en los mercados financieros de su época tiene una perspectiva más cortoplazista;
- al respecto de sus micro-articulaciones, Smith menciona en alguna introducción de su libro como racimo o clúster de 3 a 5 puntos para aclarar cada argumento y este proceder hace

fácil a los que sesgan de escoger la categoría de argumento que les conviene;

- así como a ciegas lo hacen los detractores quienes que, sin haber leído las 2 obras, ni examinado la historia consistente de Smith pueden quedar con trozos, sin sentido de sus argumentos;
- del tercer elemento del resumen; error mayor del individualismo que siguió fue de no cuidar lo que pudo pensar el filósofo natural, original con lo de su época cuando muchas personas con buenos modales y sentimientos superiores escribían tratados morales pero considerando que: para los seres inferiores había que "pensar para ellos". Smith bien parece no haber tenido esa prepotencia.

Los 'seres inferiores' para mucha gente culta no podían pensar por sí mismos por lo cual eventualmente de hablar en su nombre o de lo que tenían que hacer; sin haber hablado o convivido con ellos en su cotidiano. Y también como, con poco cuidado, se les mandaban a la muerte, en servicios peligrosos o dejaban en condiciones pésimas y acusaban de muchos vicios morales. Tal como se acostumbraron muchos capitalistas dirigiendo sus hatos de obreros: hembras, varones y menores todos perezosos, pero no desnutridos. Con el inconveniente de no haber sido directo, trasparece por lo tanto en Adam Smith un ideal de humano bueno sin discriminación en absoluto.

O sea ¿quería Smith? - promover la desigualdad y forzarla. Hay muchos párrafos que dan en pensar que no es así como lo hacían y harán burgueses arrogantes y prepotentes.

[Así a inicio del siglo XVIII había en Escocia unos inspirándose de las ciudades de la antigüedad griega en especial de los helotes de Esparta, y mediante reforma espiritual, trabajo forzado, esclavitud, contemplaban empoderar el desarrollo moral de la nación de las culturas gaélicas tradicionales con idealismo *dejando pocas dudas en cuanto a la brutalidad requerida por su implementación planificada*].

**(7)** "**la diferencia entre caracteres** (personalidades),.. **parece provenir no tanto de la natura o del hábito o de la costumbre y de la educación entre los hombres pero, por lo contario** ... [de la trayectoria, con un sentido de camino de vida] ... "**lo más disimilar puede ser de uso el uno para el otro, los diferentes producen desde sus respectivos talentos y por una disposición general para el negocio, trueque y el intercambio comprar como si fuesen** (las producciones) **en un stock común donde cada humano puede comprar cualquiera parte de la producción de los otros talentos humanos para los cuales tiene la oportunidad de** (comprar) ...".

Argumento que se volverá a re-encontrar en la argumentación de von Hayek.

Pero además en esa forma sico-cognitiva o nivel humano individual de Smith, contrariamente a muchos microeconomistas principiantes u tradicionales en sus supuestos tradicionales de la de preferencias, utilidades y funciones 'reducidas'. Smith es humanamente más consistente, en algo por límites en los métodos de su época pero; también muy actual es decir 'ergonómico'.

El observador un tanto pensativo y tan absorbido por sus ideas que se olvidaba del camino enterándose después de algunos kilómetros (¿quizas procedia por 'simulaciones lógicas' sico-sociales?) que había pasado la encrucijada. Sin las hipótesis microeconómicas determinadamente definitivas y matemáticamente in-ambiguas posteriores que pueden asombrar los antropo-economistas post-industriales[xxxvi].

*¿Desigualdades entre humanos para entretener o resolverlas indirectamente?*

Uno puede estar llevado a ver en Adam Smith un utopista ingenuo con extraordinaria tolerancia o; un sabio más al tanto de las dificultades reales de la naturaleza cognitiva humana.

*[A veces Smith parece como el Doctor Pangloss en la obra 'Cándido' de Voltaire: «todo es por lo mejor en el mejor de los mundos'; otras, raras veces, menciona potenciales inconvenientes. Antes de la Riqueza de las Naciones un colega de Edimburgo mencionó los riesgos de las dinámicas presentes para los escoceses gaélicos, la futura mano de obra de la prima revolución industrial. Obra que Smith debió conocer].*

Faltar en anticipar el nivel y escala de las transformaciones en sus riesgos y efectos humanos es una cosa; esperar que el sistema propuesto sea, por lo tanto, la buena política económica que promover, es otra. Claro hoy en día, de semejante forma a los más duros neoliberales tienen nivel microeconómico pareciendo al de Smith; salvo que a inicio de la década de los ochenta del siglo XX las hipótesis simplificadoras, con mucho desprecio para las construcciones sociales, pasaron por una coacción de macroeconomía monetaria internacional tipo extremadamente monopolitico con, en un principio, nada social ni a micro o meso nivel. Mientras que el 'ajuste a rostro humano' fue 'discurso populista'.

Cuando los niveles de regulación de Smith bien estaban en: 1) la mano invisible (algo meso implicito, ¿de la cual ningún se puede prescindir? y ¿macro?), 2) en el sistema de justicia equitativa para todos (macro-exógeno a la economía definiendo para el nivel micro lo que es legal o no) y en fin 3) a nivel micro en los sentimientos naturales que la mano invisible deja variar en acciones en reacciones.

**(8)** (En lo que concierne evaluar y juzgar:) **"antes de que podamos hacer cualquiera comparación entre intereses opuestos tenemos que cambiar nuestra posición. Debemos verlos no desde nuestra perspectiva ni tampoco desde la del otro... pero desde la situación y los ojos de una tercera persona, que no tiene conecte particular con ambos** [de las partes] **y que juzgue con imparcialidad entre nosotros"**.

Neutralidad de la justicia: así como quienes quieren juzgar deben tener postura neutral, en cualquiera apreciación y, sucesivamente según lo leído en Smith. De entender e imaginar que lo que ocurre al otro le puede suceder a sí mismo. Entender el otro, cuando metiéndose en su percepción y entendimiento (empatía), evaluar saliendo de su percepción personal, sin pretender meterse por efecto de inteligencia en la condición del otro, sino que en una tercera de por medio y más imparcial... para ser en condición de juzgar. Esto era muy singular en estos tiempos.

Como la necesidad de la garantía de equidad de la justicia tal como en un concepto de Estado de Derecho. Quizás el concepto de Estado de Smith no fuese como el moderno y quizás más como un sistema de justicia de las cortes de las ciudades medianas, en un Estado ingles guiado por el Parlamento. Parlamento que en aquella época era determinado por los aristócratas o sea: poco igual pero un tanto más equitativos en su sistema judicial, equilibrio de los poderes.

**(9) "sabia y juiciosa conducta, cuando dirigida a más grandes y nobles propósitos en lugar del cuidado..., de la fortuna, del rango o su reputación propia"**.

Vemos que las calidades de Smith van a la modestia individual, algo brillante por las ideas, postura de libre pensador, respetuoso de la libertad de pensamiento. En otras partes de sus escritos, la estima de sus conciudadanos   parecer ser el fundamento de su ideal de prosperidad. Todos posibles recursos que los individuos puedan y quieran dedicar 'libre y espontáneamente' a una buena producción que ordenará 'justamente' la sociedad. Producciones honradas de la sociedad; para obtener respeto, ganancias y 'recompensas' sociales.

Los debates académicos y universitarios eran muchos, cuando la formación de Adam Smith. Eran en especial dedicados a la manera de emprender el desarrollo de Escocia, bajo la influencia de Inglaterra y los equilibrios morales religiosos. Podían hasta influir en los debates sobre los currículos de la universidad, porque hubo reforma universitaria como producto de la introducción de la Nueva Iglesia (presbiteriana) Escoces.

**(10) "la riqueza como dijo el señor Hobbes es potencia"...** **"un hombre siempre debe vivir de sus trabajos y sus remuneraciones, en un mínimo tener lo suficiente para mantenerse"**

He acercado, 2 puntos que parecen complementarios (y escritos cercanos). Al respecto de la construcción de sus argumentos, Avanza así en 'forma granular' con micromódulos con semejante estructura; mientras va desarrollando las ideas de su sistema, con congruencia y coherencia también características de la personalidad de Smith.[xxxvii]

Así acercar otras partes, quizás no presenta dificultades: cada concepto explicado como antes expuesto, sirve la coherencia o complementariedad del razonamiento de Smith. Técnicamente lo demuestra en la Riqueza de las Naciones. La Teoría de los Sentimientos Morales tiene materia más borrosa, se trata de abstracciones morales, subjetivas en su respetando de la libertad de pensamiento del lector; o sea con precauciones importantes para evitar los cortes dogmáticos. Esto llevo a pensar en que sus dos libros son íntegros y complementarios.

Es más, con respecto a los términos "riqueza" o "prosperidad" bien podrían en su mente no tener una precisión "cartesiana" o sea precisa, reductora y excluyente pero menos "cortada" que en las ambiciones actuales de los economistas. Smith es por un lado, muy enfocado hacia la inscripción en el registro de sus argumentos, pero muestra también en numerosas ocasiones que tiene en la mente márgenes de variaciones no para 'cortar', tal y como los religiosos dogmáticos de su época o los agitadores de conceptos sociales de hoy.

Expone muy bien sobre las dificultades de medición de ciertas categorías. Por lo tanto, se diferencia de los esfuerzos del "tableau économique" de los fisiócratas franceses, los cuales esperaban, desde el sector primario de la producción agrícola proveer con la tabla de creación de riqueza y su circulación social. También es posible que lo siente así: conceptos claros pero flexibilidad de adscripción o diversidad de partes constitutivas de cualquier concepto.

Pudiendo decirse que me parece que Smith es más 'congregativo y cooperativo' y que, de esa manera, mejora el tratamiento de la variedad de grupos sociales para contrabalancear el individualismo y de las dedicación a sus intereses propios. Perspectiva más en una lógica de acción-reacción, que de imaginar que Smith era socialmente 'disgregativo y competidor antagónico' que protagónico.

Así con Smith de tener una percepción algo heterogénea de la monedad que no tenía convertibilidad tal como la de hoy, en mercados casi virtuales pero seguía las estaciones en sus ciclos productivos. Incluso con industria casera y manufactura, de transportar en masa los bienes de sus producciones individuales dependía del tiempo o de la proximidad. El mundo de Smith es diverso, micro elemental por la geografía, ordenado por los ciclos productivos, ocasional masivamente sesgado por políticas centrales y monopolios o definiciones políticas de monopolios, incluyendo el de las fuentes expresando valor: la moneda.

Smith parece mal convencido por la detención de metales preciosos o por el papel modena; probablemente es más convencido por los billetes a órdenes de pago pasados entre comerciante y labrador, financiamiento anticipado de la producción de los trabajadores. La moneda no es desconectable de sus raíces productivas, la gente mejor sabe cómo producir, el conjunto de la división del trabajo tiene que poder ordenarse según el mejor ordenador humana, desde 'adentro'.

Llama a todos los detentores de 'stock' de comprometerse en la promoción de la producción. Los mercados de intercambios son bien diversos, algo competitivos pero no simplemente confrontados en una especie de competición especulativa virtual. Estas especulaciones existen, Smith ciertamente no las ignoras y debe conocer de sus daños y no parecen tener su aprecio, solo quiere que se orienten a mejores financiamientos.

*Demografía escoces en el siglo XVIII*
*[...*

- *En 1755 el estudio de Webster de las poblaciones de Escocia, a pesar de las dificultades de la geografía, según los historiadores, parece ser muy fiable;*
- *introducción del cultivo de la papa, liberaciones ocasionales de las importaciones de granos son dos hechos de probable mucha importancia, para acompañar el aumento demográfico o resolver las crisis;*
- *auge de la cría de oveja, aunque sea más para la lana, bien tiene, su carne, que entrar en el consumo alimenticio en algún momento (incluso en el 'hagis');*
- *también de la pesca pequeña y 'grande', donde Escocia tiene buenos 'stocks';*
- *el crecimiento total de la población entre 1755-1801 es de 0.6% por año, pasa a 1.2% en los 10 años que siguen y a 1.6% entre 1811 y 1821 probablemente hay un alto componente migratorio y notables muertes intermedias;*
- *es de imaginar en el siglo XVIII una emigración rural hacia el sistema de pequeñas ciudades, cuando el periodo proto-industrial (efecto de la atípica "reforma agraria liberal");*

- *mientras que la aceleración industrial a final del siglo XVIII inicio del siglo XIX, atrae o expulsa masivamente, primero hacia la área de la Clyde (Glasgow) y otras;*
- *parece haber una fase intermedia entre era proto-industrial y era industrial donde la población del grupo de mayores ciudades se estabiliza (¿empresas rurales peri-urbanas y vaivenes con Canada?);*
- *gran influencia tendrá la emigración así, al inicio del siglo XIX; en el área de Glasgow, casi la mitad de la mano de obra viene de los Highlands, los inmigrantes irlandeses representando hasta el 30%);*
- *importancia notable de los contingentes escoceses en las fuerzas armadas o la marina, preocupa preservar las calidades militares de los buenos contingentes de soldados del imperio británico;*
- *noten que en un saldo de recorte, no se contabiliza bien la mortalidad por epidemias recurrentes, muertes infantiles, accidentes profesionales, a menos de poder medir los picos y tener perfectos registros de nacimiento y defunción, difícil en poblaciones de inmigrantes o de marginados;*
- *claro, esa afluencia urbana masiva, en tiempos de ausencia de remedios contra las enfermedades transmisibles y de higiene pública será desastrosa en la población indigente y desnutrida y organizadas solo en relación a su explotación;*
- *a pesar del conocimiento de vacuna preventiva (hasta Voltaire habló al respecto porque semejante precaución venia de Medio Oriente: exponiendo los niños a la forma animal benigna para prevenir la viruela; o el médico Jenner quien en 1796 introduce codificadamente la vacuna con vaccina) pero al inicio del siglo XIX, la viruela sigue todavía la primera cause de defunción en los niños de las grandes ciudades de Escocia: la libre de empresa no es la de la atención sanitaria con medidas que se podrían considerar]*[xxxviii].

*Concepción de Flujos Económicos de los Stocks a los productos esenciales*

Si Smith concibe sus variaciones de cantidades a partir de algún monto global (generalmente el stock) como entre inicio y final de periodo (o sea algo como una 'caja sistémica' sobre un ciclo de producción) o como una diferencia con respecto a un ideal: precio de intercambio con respecto a un precio natural (más) deseable. Parecería que más concibe las variaciones instantáneas algo semejante a una velocidad y por lo tanto de semejante manera concibe la variación de variación como una forma de aceleración.

Así la variación de la diferencia o productividad pasa a ser la fuente del aumento activo de la renta para el propietario por: mejora de su administración, mayores insumos, cambios para mejor fertilidad de los suelos. Todo esto es bien el propósito de los cambios tecnológicos en el campo. Mientras bien observo el concepto de ventaja relativa que hay en una renta agraria, por muchos factores: fertilidad, ubicación con respecto al mercado, productividad de las técnicas.

Concibe también sobre estos montos productos por precios o interés; proporciones algo ideales: las partes que le corresponde de la renta del propietario, el beneficio al empresario, el salario del trabajador. Pero Smith parece además establecer para el trabajador o labrador un mínimo (cómodo) de existencia (¿y además dejándolos las plusvalías de la substitución de consumo? – cuando pueda de consumir substitutos más baratos, ahorro en su consumo eventualmente producción doméstica o crías) y; para el propietario de la renta como el saldo ¿de lo que queda? Entiende bien Smith que sin renta no habrá pago del propietario y poca motivación del mismo (directa o financiada) para invertir en su desarrollo. El recurso, en tanto que lo sea, se quedará fuera de la producción.

Smith parece bien manejar los diferenciales en su mínimo (cero), promedio y máximo; global e instantáneo. Es muy probable que es desde estos que entiende que las fluctuaciones o variaciones cortas se ajustan a lo largo del tiempo y por analogía, indica que mejor vale dedicarse a la producción esencial, a lo suyo, seguir y aprovechar las variaciones que uno puede (alternativas, decisiones de colocación en tal o cual mercado, etc.).

Parecía tener muy claro la naturaleza de los montos económicos que son lógicamente muy plásticos y sus relaciones fluctuantes. Creo que mucho de los razonamientos de Smith vienen por analogía de las ideas de fuerzas de Newton, mientras que su acertada transposición sico-social-económica le ha hecho evitar reclamarse oficialmente de la misma trama de Newton, asi para esquivar cualquier cientismo que otros, probablemente, hubieran muy explícitamente presumido, descuidando la fenomenología de su materia, los bienes y los comportamientos humanos y las realidades cognitivas.

Esas sutilezas, discreción y calidades de transposición analógica cuando la mayoría de los economistas matemáticos post-ricardianos sino post-marginalistas habran caído en el cientismo de las formulaciones. De recordar que aparte de Ricardo y Carnot: Walras, Marx y los marginalistas austriacos son de la segunda parte del siglo XIX. Tal vez no es por falta de competencia que Smith no formula sino que consta que la 'metronomización' temporal (cortes iguales de tiempo) no aplica a los ciclos de producción que tiene. Mejor dejar el humano individual pensar por sí mismo sin ser 'desorganizado' por afuera.

Mientras sus proporciones económicas son algo ideales (hoy en día pudiendo llamarse coeficientes técnicos) con las personas: para una comunidad de recolectores-cazadores 40 personas; para un maestro de trabajo de 1:20 trabajadores; para un rico (desaprobando su falta de vergüenza) con indigentes el descuido del acaparador 1: 500. Esto indica que tiene un concepto de talla ideal de grupo de trabajo pero en conjuntos algo humanos. Así según 'las empresas' es de buena economía que no tengan más trabajadores que lo apropiado. Pero al revés parece claro que 500 indigentes bien es crítica moral, en un mínimo por falta de inversión para que produzcan.

¿Pueden estos coeficientes algo fijos, producir un sistema de coeficientes un tanto rígido? - por un lado es claro que un sistema, diríamos socio-técnico, un concepto de proporción ideal no es cualquier número de obreros alrededor de una máquina. El dispositivo no tiene para que cargarse de demasiado empleados o trabajadores (hay que invertir en mayor producción). La máxima dedicación útil de los recursos procura el buen nivel de empleo. Bien hay la preocupación de Smith con respecto al ocio de los stocks, cual que sean sus formas.

Otra pregunta interesante podría ser con respecto a la carga administrativa alrededor de un sistema socio técnico. Si también se vería asignada alguna proporción ideal. No parece en la idea de Smith de multiplicar los controladores del trabajo de los demás; mas parece basarse sobre la proximidad, inmersión y sobre la confianza. También hay la 'mano invisible' es un concepto bien contrario. En fin de su sistema de orden público, justo sin ser laxo tiene muchas apreciaciones y fundamentos positivos sobre la naturaleza humana (¿en proceso de civilización?).

Lo que falta precisar es, si con el mecanicismo de gran escala Adam Smith hubiera querido revisar su modelo, orientarlo a más economía mecánica o si se hubiera quedado con una economía que parece a proximidad humana. O sea ¿como hubiera declinado las escalas de sus divisiones del trabajo?

Para él las variaciones parecen informativas. Sabiendo que ha leído detenidamente a Newton (¿sin la precisión de Leibniz en su formulación del cálculo diferencial?) no emplea la precisión simbólica de los cifras. Quizás porque puede preferir la imprecisión: le permite proteger los conceptos conjuntos imprecisos de su análisis y por modestia del analítico fino o conciencia de la subjetividad de las ideas humanas. De considerar la flexibilidad que le conviene y conviene a la economía; pese a que, desde Ricardo, los economistas liberales y clásicos pueden haber 'empobrecido a la economía humana con tantos modelos tan sofisticados de letras y coeficientes griegos.[xxxix]

Bueno, mientras, es cierto que sus discípulos y los economistas modernos hubieran podido apreciar más confidencias y notas explicativas sobre la construcción de sus "conceptos cuantificadores":

- remuneración del trabajador asalariado (con un mínimo de existencia anticipada... hasta la cosecha o la entrega del producto)' quizás como proporción ideal de la venta de la producción, seguido, repartido entre diferencia del precio de venta y precio natural (el director asume la perdida ¿sin retirar lo que se anticipó para vivir?);

- remuneración del director de la producción o mercante: el beneficio como proporción del stock (diferencia entre el stock: capital financiero, puesto a disposición y, aparte de las maquinas empleadas), comprometido en la producción, precio natural de venta, todos costos incluidos y margen de beneficio;

- remuneración del propietario de la renta en proporción de su ventaja relativa y de las variaciones que logra: progreso tecno-lógico, parque de máquinas empleadas... o cuando alcanza comprometer mas y mejor, cualitativa y cuantitativamente, en la producción en apoyo o incrementos de las ventajas relativas de calidad de tierra (renta de la tierra) o situación geográfica, proximidad de mercado, demanda (o empresas ultramar).

En todos casos Smith indica bien que:
- uno puede combinar varias fuentes de remuneraciones;

- su misión autoproclamada es apoyar los emprendedores;
- su preocupación con las maquinas es que no sean paradas;
- su objetivo es mayores producciones y consumos para todos,
- en consideración de todos los elementos de flexibilidad, y substituciones posibles...

Ahora bien; con la "potencia" (político-social) son frecuentes las alusiones "realistas" de Smith (a pesar de ser un académico algo en su mundo privilegiado); no tiene demasiadas ilusiones sobre efectos adversos potenciales de las estructuraciones económicas; aunque no pueda no medir bien la importancia que podrán tener con los que se reclamaran de él.[xl] No era fácil de imaginar hasta qué grado la región de la Clyde (Glasgow) iba a aspirar y concentrar tanto. Faltando hacer las simulaciones de las 'destrucciones' que se prodicran para 'crear' 'su' capitalismo.

[*Parecía existir el debate sobre si la cultura gaélica podía ser (¿más?) afectada que la sociedad de las tierras bajas de Escocia. Hume y Smith eran con la idea que la relación a Inglaterra podía ser buena para Escocia pero ¿sub o sobre-estimando su capacidad de absorción cultural del desarrollo? Mientras algo frente a ellos, cuando en la primera parte del siglo XVIII la teorización de desarrollo de Escocia, pretendía inspirarse de las ciudades griegas de la Antigüedad, para promover políticas probablemente duras para la gente humilde, o sea en la idea de coaccionarla, imponerle valores morales, semejante a la esclavitud, para hacer evolucionar las culturas originales hacia 'más civilización' y 'más virtud'. Con respecto a estos corrientes lo de Adam Smith, en especial, podía ser un proyecto bien menos brutal.*

*El opúsculo de Davie contextualiza el debate sobre el desarrollo de Escocia y reporta sobre las estrategias políticas que la sociedad escoces podía tener con respecto a Inglaterra; la alternativa de desarrollo más "cultural", desde la perspectiva de pensadores de la Universidad... que de prevalecer bien hubiera podido producir efectos humanitariamente peores que el capitalismo salvaje: trabajo forzado, justificación de la esclavitud, etc. y problemente hubiera impedido a Escocia lograr el nivel de integración que tuvo en el desarrollo capitalista industrial ingles]*

Con frecuencia en los siglos que siguieron se interpretó la "Riqueza de las Naciones" como un "realismo científico experimental" descuidando la lectura de la "Teoría de los Sentimientos Morales". Produjo incluso en Escocia un estereotipo cínico de capitalismo brutal que se asimilo al 'progreso civilizador'. Pero considerando la persona de Adam Smith, su forma de vida y postura irónica para estimular la contraposición, recordando la gran impresión hizo sobre Voltaire, sus calidades y formas de análisis, exposición (social) - psicológico económico y su reconocimiento y suerte de haber podido dedicarse a la obra de sus ideas; hay motivos para creer que busca esa condición de "buen civilizado social y feliz no egoístamente solamente para el". ¿Sería desaprobar el Siglo de la Luces escoces en su esfuerzo de apoyar el equilibrio difícil de su país con respecto a la sociedad aristocrática británica, tanto como de discrepar con las formas de cambio promovidas por el siglo de las luces francés?

Claro bien uno puede pensar que los cambios emprendidos por la Revolución francesa eran lógicos para deshacerse de un poder real absolutista, con extraordinarias nuevas y buenas ideas; pero en una sociedad pero tan distorsionada y muy desequilibrada tal como impuesto por las clases dominantes tradicionales. Hubo muchas violencias y vaivenes que hicieron perder al país la posición qe hubiera podido tener en los tiempo posteriores.

Claro Smith es pensador de salón en su sociedad provincial donde prevalencian buenos modales y no se dramatizaba, por lo tanto no apunta a cosas vanidosas y frívolas. Lógicamente, su libro es "empresa intelectual ideal" o sea utópico, de cualquiera manera lo es cuando moral; sensible a un periodo proto-industrial, para que la eficacia humana busqué evitar las confrontaciones esterilizantes, no contrariar las autoridades políticas incluidas las religiosas que no son muy lejos y conociendo muy bien la historia y lo que esto costo en Europa, en Inglaterra y a Escocia; era más positivo tratar de convertir los propietarios de recursos en especial financieros al benecificio de su dedicación empresarial productiva.

La gracia de Smith en su periodo, es de intentar algo diferente de lo que las teorías de las confrontaciones nos han dado hasta hoy. Su estrategia de lograr convencer hasta en los implícitos de los márgenes de pensamientos en libertades; no solamente a los auditores o lectores, sino que al máximo para que tantos como se pueda inviertan en el desarrollo proto-industrial y posteriormente y progresivamente puedan ofrecer unas oportunidades a todos. Mente más evolucionista que mecanicista de Adam Smith.

Esto, lo logra Smith a un grado que probablemente sirvió mucho a Escocia para alcanzar mayor desarrollo que razonablemete hubiera podido esperar de su relación especial pero algo pasiva a la Revolución industrial inglesa.

Smith dependió de los grandes y de su gentileza. La obtuvo con buena gracia y buen trabajo, sin haber producido obras serviles o bajas, y bien discrepando como por ejemplo del cortesano Shakespeare. Hay razones para pensar que su 'empresa de legado de pensamiento' tiene consistencia humanista. Inaugura también la economía psicológica en especial en sus precauciones semanticas. Analiza las suertes humanas de su tiempo y los mecanismos que propone Smith eran para que las cosas siguan, en la relativa buena dinámica de sus tiempos y algo diferentes de las medios tradicionales del Reino Unido.

Correspondiendo en fin al imperio mayor de retomar las ideas que les pueden servir, de las de Smith para el caso y de emplearlas a su conveniencia y con poco respeto tanto para los implícitos, como para las precauciones o las buenas intenciones de su autor.

Leyendo las Teoría de los Sentimientos Morales es también de enterarse de su complementariedad con la otra y como construcción de un entorno moral y de re-evaluar a Smith en su entorno social. Es difícil producir un sistema ideal sugestivo o sin afirmar verdades deterministas, cuando buscando respetar la libertad de pensamiento. Quizás con el objetivo de conseguir más del lector mediante muchos implícitos. Los contextos sociales históricos califican y descalifican las interpretaciones. De ser más útil apoyando las interpretaciones positivas y las precauciones subjetivas, para construir ideas manteniendo flexibilidad para sus técnicas de trabajo. Para trascender se necesita poder no sufrir demasiado de la descalificación tras los siglos para poder seguir siendo interpretable; eventualmente de otra manera, en los contextos por venir. Un tanto como lo será la Constitución de los Estados Unidos de (norte) América.

En fin de dejar alguna estabilidad o validez moral para que potencialmente vaya en incrementos más suaves.

Claro, en Inglaterra esto paso con algunos arreglos puntuales, como con las cosas generando mala conciencia (esclavitud). En seguida llego el 'puritanismo' victoriano, aunque con alguna tolerancia para que los grupos opositores puedan expresarse (uniones obreras, mujeres), hasta alguna toma de conciencia económica algo tardia con J.M. Keynes pero mas bien después de la segunda guerra mundial para llegar a implementar algo del llamado estado de bien estar social; sin olvidar la resolución de la era colonial.

Claro de lamentar que las buenas cosas humanas puedan tanto tardar, a pesar de tanto disfraces moralistas. La paradoja de Smith: el quería que los ritmos sean suaves para permitir las adaptaciones positivas. Las transformaciones industriales se aceleraron tremendamente y paradójicamente se las atribuye a él tanto el progreso como los efectos adversos.

Pero bueno aún, para cualquiera teoría social, de seguir pudiendo interpretarse positivamente, aun mas cuando tratándose de difundir precauciones humanas en mayores poblaciones. Esto también creo que se debe hacer y se puede un tanto con Smith, hoy en día. Es necesario que haya una proximidad y un punto de partida considerando la diversidad (pero) del ser humano, sin pretender afirmar con total y determinada certeza como deben de ser sus apariencias.

**(11) "la diferencia entre el genio de... la Constitución que protege y gobierna..., y esa Compaña** (empresa) **mercantil que oprime y domina** (doma) **no puede mejor ilustrarse que el estado de esa (población)".**

Bien parecería que Adam Smith no aprueba los métodos de la Compañía de las Indias Orientales. Quizas otra paradoja implícita en su aproximación o falta de evaluación, de imaginar que la buena Constitucion de un país podria proteger países extraños de los proyectos de explotación que puedan tener sus ciudadanos en otros países, sin Constitución.

Otras críticas acerca de la misma Compañía, posteriores a Smith hicieron que esa tuvo que dar algunas muestras de cuidado de las sociedades de la India de aquella época asi de emprender 'estudios culturales'. Los cuales, lastimosamente, llevaron más a justificar la supremacía civilizadora de Inglaterra y por ende de

Europa... A veces hay que cuidarse de las buenas intenciones ¿vacunándose con un poco de ironía reflexiva al estilo de Smith?

Para su suerte, la Compaña de las Indias Orientales paso a ser nacionalizada por el emergente imperialismo ingles a mediados del siglo XIX.

[*Estos estudios y siguientes mas nacionalistas alimentaron la parafernalia nazi: pueblo con derecho de dominar: arrianos, cruz suástica) otros semejantes para sus teorías racistas y supremacistas. Así como los primeros estudiosos geo-antropoló- gicos alemanes del fin del siglo XIX contribuyen en crear incluyendo una mitología de un pueblo sentado entre Borgoña el rio Ródano y la Selva Negra (Nibelungos); alguna versión oficializad e institucionalizada de la filosofía de Nietzsche. Todos ingredientes para producir esa falsa mitología...podrida de errores culturales y antropologicas.*

*El legado de Adam Smith tuvo la suerte de haber sido atacado por los economistas nacionalistas alemanes al fin del siglo XIX; haciéndolo bien difícil para servir en este tipo de recuperación*]

Cuando Smith es cierto que las desigualdades eran grandes pero de ver y entender el contexto cuando las negociaciones había algún equilibrio y pequeños mercados algo competitivos. Hasta el gran propietario aristócrata tenia frente a el comunidad o clan, de su propio clan y los comerciantes obreros-campesinos que algunos otros días o el año siguiente podían acuerdar con otros.

*Grandes compañías transnacionales*

Pero hoy en día quizás, el concepto de Smith, acerca de las grandes compañías transnacionales, podría aplicarse de manera similar. O sea con disgusto para las asimetrías de negociaciones, los intercambios desequilibrados, las divisiones del trabajo deslocalizadas. Disgusto algo lógico si uno entiende que el marco de 'libertad nacional' entre todas naciones, podría no necesitar la extraordinaria capacidad de sesgar del Estado imperial más fuerte como se podía observar en sus tiempos de Inglaterra al respecto de Escocia, a menos de pensar que además Smith era traidor a su patria y gente.

Por otra parte el "dejar hacer" existía desde antes Smith, el no paso a 'dogmatizarlo'. Cuando vivía sus realidades socio-económicas escoceses eran más diversas, más equilibradas. A los recursos nacionales británicos (Royal Navy, fuerzas armadas) de decidir sobre las necesidades humanas de sus políticas colonialistas emergentes (después de una economía que se hizo históricamente mucho con rapiña, piratería, conquistas de poderes, etc.). Estos reclamaban gente con buenas calidades guerreras (así de los escoceses). Eran enlistados a fuerza en la marina y/o mandados a los campos de batalla con suficiente buena probabilidad para procurar una 'buena' reducción de de esperanza de vida, cuando la que existía era ya espontáneamente a mitad de la de hoy,

¿Como construir sociedades nacionales con esperanzas de vida de tres o cuatros décadas? - Sería bien útil que nuestras economías de hoy funcionen mejor con estas ideas. Retrospectivamente de imaginar, para entender estos otros tiempos pasados. Así por ejemplo lo que de vida se podía construir cuando 3 niños sobre 4 morían en baja edad, los algo como 50 años de esperanza de vida que se tenían en seguida (en cumulado total) y bajando de mitad cuando alguna guerra, si es de organizar ciclos de producción, como parecía quererlos Smith, tomando en cuentas crisis agrarias (por lo menos una mayor cada 11 años (aunque sin pretender aquí todavía con la explicación de Jevons). Semejante pero diferente periodización que cuando el periodo industrial siguiente.

Los potentes desequilibraban los negocios mediante sus derechos y desde el Parlamento o el Gobierno, cuando los conflictos; dejando las mujeres a sobrevivir con sus hijos como podían. Es con respecto a esto que es necesario interpretar el "dejar emprender" de Smith.

Las máquinas todavía no estaban muy en la competición tan como para promover los despidos de los humanos; sino que eran buenas herramientas para la producción masiva de productos de consumo esencial o sea atender el consumo del máximo. Pero cuando efectivamente involucradas en las producciones. Las maquinas 'maravillosas' al contrario abundaban para sus bienes de lujo excepcionales, los placeres de los grandes y sus consumos privilegiados.

No hay que creer que antes de la Revolución industrial no había máquinas. Los saltos o revoluciones industriales muchas veces se deben interpretar en cambios de escalas energéticas...en base a nuevas disponibilidades y compromiso de stocks (aspectos materiales) de Smith según las mismas ideas de proporciones comprometidas en las producciones.

**(12) "No puede haber buen motivo para provocar daño a su vecino, no puede haber buen motivo para afectar a los, con los cuales uno es, excepción hecha por efectos causado por la indignación al respecto de las acciones que uno** (entre ellos) **tuvo"**...

Este extracto pone en contraste lo que existía o pasó despúes de Smith, pero no deja duda sobre su orientación moral. Ademas será mucho más eficiente que el íngles William Wilberforce, que empezó su carrera política en 1780 lleve el combate contra la esclavitud en el Parlamento ingles.

*Economía del comercio triangular de Ébano (esclavitud)*

*[De ver que los 'empresarios' en especial oriundos de Bristol, Liverpool, Londres y después otros del Reino Unido (incluyendo*

*Adam Smith a Ojos de Nuevos Mundos*

*algunas ciudades puertos de Escocia (¿en menor grado?) fueron al origen de algo como la mitad de todos los transportes de esclavos de África hacia las Américas. Este comercio triangular era: saliendo de las Islas británicas (o Europa) para ir a 'comerciar' armas, telas y regalos en África occidental y Golfo de Guinea contra esclavos, comprados a los reinos africanos esclavistas sino de equipar negociantes y cuerpos expedicionarios intermedios (la colonización interior de África vendrá después). Los esclavos deportados hacia las indias occidentales o norteamericanas eran vendidos y para comprar azúcar de las indias occidentales o algodón de Norteamérica de completar el círculo en Inglaterra para alimentar sus industrias, acumuladas las plusvalías de metales preciosos en cada etapa o cuando la venta.*

*Las ganancias, stocks mercantiles constituidos para invertir, en lo mismo o en algo menos arriesgado o comprar las propiedades y disfrutar de su ocio, cuando no teniendo sus fuentes de ingresos en las rentas mismas de su tierra y en las indias occidentales, mientras en su ciudad de origen. Esto en el siglo XVIII menos 'púdico' que cuando el Imperio de Victoria.*

*Al respecto había "libre empresa" y fuertes grupos de apoyo o monopolios tácitos en o cerca del Parlamento para preservar esa "libertad de empresa". Adam Smith quizás ha menos visto estos mecanismos de la 'madera de ébano' pero era al tanto. Quizás su anticipación era más en cómo hacer evolucionar esto; como derivando las atenciones a producciones mas esenciales hacia más producción en masas y en intercambios entre pueblitos que con estas más 'cadenas' transatlánticas.*

*Después de la 'liberación de los esclavos' en 1838 en el Reino Unido (el mayor comprometido pero también el mas precoz en su abolición); esa liberación dejo los liberados a su suerte (con pocos programas de asentamiento agrícola en las islas); pero buena indemnización se dio a los ex-propietarios. Se reactivó el sistema de 'indenture': 'asalariados atrampados' por contratos de* buena perspectiva de vida 'concedidos' a los pobres del Reino Unido o de la India (surasiática) para laborear en empleos bien poco diferentes de la esclavitud. Con economía en las plantaciones algo autárquica para que muy poco quede al 'asalariado', mientras tenia pagar de una forma o la otra su viaje y 'gastos'. Mas fácilmente 'despedido', cuando enfermo o improductivo.

Se estableció también una segunda especie de comercio triangular en el Oriente: comercio forzado de telas industriales a la India (quebrando sus producciones de telas artesanales para el lujo de los ricos): por cierto Inglaterra podía hacer calidad a gran escala), impuestos bien cobrados para pagar los todos los gastos de protección (otro argumento mencionado por Smith), cultivo de opio en monopolio público en la India; ventas forzadas de este opio a China (guerras del opio que forzo su apertura) para poder en seguida comprarle té y regresar este a la tierra patria europea.

Otro recurso de la primacía fue la obligación de cualquier producto del imperio transportado de pasar por algun puerto del Reino Unido con costos de transporte calculado en base a una ciudad de monopolio o cartel. Así en el siglo XIX el carbón vendido en cualquiera dependencia exótica británica calculaba su coste de transporte en base a Bristol puerto del cartel, aunque solo hubiera viajado entre dos puertos perifiericos cercanos (el carbón producido en muchas partes del mundo y la red de puertos británicos la más extensa del Mundo).

Ventajas de un Imperio 'liberal' de ordenar los países bajo sus reglas en su división del trabajo[xli]. Unas fuentes de ingresos de monopolios o carteles que Adam Smith parece bien no haber indicado ni las unas ni los otros como buenos y muy extraños a sus evidencias humanas.

Por lo tanto, esto ayudo a la liberación de las 'colonias de los demás colonizadores en decadencia' o sea Latina América, *imperio Otomán, (¿área de influencia de Omán?) o forzar el comercio para conseguir acceso a los mercados de los países que no querían de 'este' liberalismo (China, ¿Malasia?) ni de algunos de los bienes que proponia.*

*Hoy en estos días post-neocoloniales, los recursos y mecanismos son más sutiles, bien difíciles de medir y de interpretar con certeza, con tantos implícitos incomensurables. Se tienen tales como 1) los intercambios desiguales más o menos manoseados por las corrupciones; la cláusula de nación más preferida o por lo menos "igual trato que todos" (cuando uno es 'enormemente asimétrico'), 2) las triangulaciones fiscales o agujeros negros financieros; 3) la ausencia de necesidad de amortización efectiva en subsidiarias de países segundarios, 4) el respaldo a las mismas cuando en sus guerras locales de 'dumping', 5) los intercambios a escala mayor, que obligan algunas contrapartes poco democráticas a sesgar las capacidades de su propio país, sin olvidar 6) el recurso de seguir comprometiendo su embajada en sus negociaciones de empresa privada frente a gobiernos dependientes, 7) tan fáciles de corromper sean solo con 8) programas de ayuda que también sesgan hacían la ineficiencia; 9) en fin con mismo efecto de apoyo a estos modales, las elites locales que esquivan culaquiera especie de flexibilidad mental para esquivar a toda costa la solidaridad económica en su propio país...prefiriendo encerarse en las certezas ideológicas y en un discurso antagonico que desprecia las ventajas relativas de los pequeños en un mundo complejo: lograr jugarlas con inteligencia.]*

**(13) "si fuese la base del razonamiento, la intención, sin haber ni siquiera, generado ninguna acción (y esa) fuera el motivo, bajo los ojos de todos, para reclamar venganza, tan como si fuese la acción misma; cualquiera corte de justicia se volvería una verdadera Inquisición. No habría seguridad hasta para los más inocentes y las más cuidadosas conductas. "**

Brevemente: la preocupación de Smith es tanto de no conducir la justicia en base a procesamientos de juicios de intención; que han incluido en el pasado tortura banal en muchos procedimientos judiciales. [*Así con la Santa Inquisición mejor valía reconocer sus pecados bajo la verdadera prueba de la tortura que pasar por hipócrita. De reconocer antes de haber sido 'trabajado' o sea por temor a las 'cuestiones' no era siempre bien visto. Ser torturado llamándose 'pasar la cuestión'.*] Tal como lo pudieron hacer los tribunales religiosos, pero probablemente Smith no piensa solamente a la Santa Inquisición católica.

[*La relación de G.E. Davie menciona el ahorcamiento, por blasfemia en 1797, del estudiante Aikenhead en Edimburgo, que sacudió la sociedad universitaria. Dejo memoria sobre el grado de (in)tolerancia en los estudios mientras se iniciaba la reforma universitaria*].

*Tolerancia religiosa, exclusión teológica en el método, pero sin ateísmo*

En otros lugares de sus escritos Smith es claro que los castigos proporcionados a los hechos y la claridad de la Ley gobiernan sus ideas con respecto a la aplicación de la Ley. El sistema de Smith es algo completo (o circular). La vigencia de sus ideas, en una lectura menos truncada de su sistema, bien puede servir para incorporar contrapesos en las perspectivas, balances y marcos de 'Estado de derecho' así como sobre el uso de las instituciones apropiadas. Pero las transcripciones requeriran unas comparaciones y adaptaciones a la diversidad de los sistemas mundiales y por esto de alejarse del modelo, pero bien es a su vez, necesario. Pero muy probablemente con similitudes con respecto a las tramas cognitivas, sico-sociales de su análisis.

Por cierto los lectores 'belicosos' pasaran a ver en Smith un sirviente de ese Gran Capital, ni pensar en la "infamia de servir a un aristócrata". Pero fuera de los presupuestos nacionales ¿existía este concepto clasista de Gran Capital? Grandes capitales, relativos no había tanto en Escocia, relativamente menores, mirando a los aristócratas y los grandes mercantes ingleses y demás.

Esperemos que a la lectura de este ensayo y estas citaciones más integras de la obra de Smith, los lectores podrán enterarse que no fue servil y mediocre intelectual de ninguna corte de poder o circulo de intereses. Hubiera sido por lo consiguiente más fácil de inscribirlo. Smith convencido de la necesidad de una orden justa, ¿para prevenir el sacrificio de la gente en guerras interminables? – en vez de sirviente infame de las 'canasta confusa de los potentes 'despiadados'.

Lo que por cierto el parece buscar es que estos comprometan sus stocks en las empresas productivas. Tambien los herederos pródigos de Smith deberían mejor analizar las construcciones históricas para revisar y validar las traducciones críticas y corregibles en términos operativos al presente.[xlii]

**(14) "¿qué recompensa más apropiada para promover la práctica de la verdad, de la justicia y la humanidad? - que la confianza, la estima y el amor de los con quienes viven. La humanidad no desea ser grande sino que amada. No es con ser rico que la verdad y la justicia gozaran pero con que se confié en ellas y que se crean en ellas".**

Aquí aparece clara la esperanza utópica o 'ingenuidad pesimista' de Adam Smith, faltando por lo tanto los contrapesos explicitos usuales. Ingenuidad o más probablemente porque no era en sus modales pero quizás ¿estrategia de apuntar a lo desagradable? tal como la imitación de los unos con respecto a los otros. Es decir la avidez de las practicas mercantilistas, la 'adicción' para los metales preciosos, bien despreciada por Adam Smith.

La corrupción que llama a la corrupción en círculos viciosos, la brutalidad que podía provenir de los monopolios o de los empresarios a gran escala de humanos aislados de los demás; y no la gran escala de las pequeñas cosas necesarias. De quienes dirigen hasta pueden apreciar el odio y la envidia de los humildes: "asi son esa gente".

Con respecto al tiempo o dinámica de los cambios sociales, Smith aboga para un ritmo lento. En lo positivo sea para una sincronización o absorción de estos cambios, la incorporación de unas especies de retro-alimentaciones regulatorias o/y a manera de permitir que la gente se adapte. Tan como para no dejar que las decisiones se tomen en el puro momento de las pasiones o para tener tiempo para bien resolver los problemas tecnológicos u otros.

[*Ciertos críticos dicen que poco hablo de las tecnologías pero hay pocas duda de que vio los labores de los enciclopedistas y que abogo para los currículos científicos en sus universidades.*]

**(15) "El hombre cuyo sentido del público se inclina** [al amor] **a la humanidad y la benevolencia, respectara las instituciones de los poderes y privilegios, hasta de los individuos y aún más, a los de los grandes órdenes y sociedades."**

Adam Smith escribe para que su lectura sirva, sin asustar a los lectores poderosos (unos, no tantos, fueron sus amigos y se comprometieron como su ex-protegido alumno aristócrata, en su siglo) sin que Smith sea desprovisto de sinceridad. Habiendo leído en otras partes lo que se dice con respecto a la actitud sana frente a la alienación a estos mismos 'poderes clientelistas'.

Cierto 'clientela' no es la palabra de Smith, pero apunta al mecanismo. Uno puede imaginar que todas otras cosas tomadas en cuenta y los implícitos, no hay falta de conciencia social de Smith; pero hay que hacer una clara distinción entre el mundo de

Escocia y el de países donde el centralismo es absolutista y las clases sociales contienen los antagonismos: esas solo podrán cambiarse con contra-violencia congregada (asi de la Revolución francesa).

Mas estudio podría ser necesario para aclarar el concepto de privilegio en su época y/o para el.

*Economía de la confianza y amor a las personas mejor dedicadas*

Bien puede cualquier uno manifestar gratitud a los que le ayudaron; pero cuando no se trata de obra mediocre para satisfacer la vanidad de ningún en especial o los poderosos; el análisis histórico y contextual es necesario para entender sus precauciones discursivas. No es la misma cosa producir una obra sugiriendo pistas para el desarrollo de la humanidad cuando los tiempos no son tan críticos que cuando lo son o pueden regresar a ser muy duros. Es importante lo que pasó antes y que todavía está en las memorias.

Lo que uno debe creer en momentos de paz y de mayor libertad es esperar que la segunda (la libertad) sea la que produjo la primera (la paz)... y que las vueltas sigan en esa buena onda.

**(16) "la división del trabajo es limitada por el tamaño del mercado"... "un hombre debe siempre vivir de su trabajo y sus salarios deben siempre es suficiente para mantenerlo".**

He acercado dos extractos, algo separados en su texto, para precisar que:

- el motor mayor del desarrollo de Smith es la división del trabajo: como 'mejor organización' de la producción para mayores rendimientos (o mejor fluidez); claramente, es para producir más, de 'mejor calidad' en lo 'no único ni excepcional para el grande', es decir para todos; satisfacer el consumo esencial de todos;

- tampoco es para propiciar la desigualdad o fortalecer los medios de coacción en las relaciones laborales o la distribución inequitativa de los beneficios del trabajo;
- es una cosa constar de las desigualdades, es otra cosa promoverlas; de examinar si sirve de enfrentarlas directamente, como es frecuente escuchar en los discursos bien intencionados que poco logran; por ejemplo la aristocracia produjo su ideología del caballerismo cuando la Edad Media, sin que esto cambié mucho en la suerte de las multitudes humanas;
- el pensador meditabundo (Smith), quizás se preocupa más por las buenas estrategias o que la gente tenga el marco, la motivación y más probabilidad de ser efectivo;
- pero esto puede funcionar solamente si hay inter-relaciones y corrientes bien justas de por medio;
- preservar la virtud de la Justicia no es fácil si los modelos o los líderes no dan el ejemplo;
- otro motor y/o prioridad es la oferta de trabajo, que los salarios son altos en tiempos bajos y son bajos en tiempos de abundancia reporta Smith, aunque pudiera ser ocasionalmente paradójico;
- no hay 'proto-maltusianismo' en su concepción; los incrementos de salarios producen incrementos de precios, pero las causas de estos incrementos de salarios tienden en seguida a reducir los precios;[xliii]
- el concepto de Smith, con respecto al mercado es un tanto universal quizás más por estilo de expresión, es decir en una concepción integral de su época, en especial del intercambio elemental (entre dos humanos, de las cosas que tienen); pero a mi conocer no es claro si Smith conocía o si había de los mercados tal como los conocemos y si el viajero europeo conoció íntimamente (de la psicología) de este tipos de mercados como podían existir en Londres (no discute mucho y estos se estaban fundando cuando su época o sea con

inestabilidades) o de otras ciudades muy involucradas en las transacciones internacionales como Paris (es posible)[xliv].

*División del trabajo y mercados, divergencia y convergencias*

Mientras Escocia había sufrido grandes momentos de crisis financieras, no del todo producidas por los grandes vecinos sino que también por ella misma. Claro, es seguro que Smith ha promovido explícitamente o hubiera sido encantado del establecimiento de mercados financieros de acciones u obligaciones, porque llama a que los que tiene recursos financian el desarrollo de los emprendedores como de sí mismos.

En la Escocia de la época, el término genérico de mercado, no parece en el manejo de Smith estar con esa despersonalización virtual y el mismo tiene un ideal materialista: pequeño mercado de productos concretos, especialmente a en interface rural-urbana. Falta precisar si tenía en la mente que las relaciones financieras inmateriales, podían pasar por cierta forma de mercado, o sea no a discreción entre más grandes o de los bancos (en aquella época no eran iguales).

Escocia estructuraba en aquella época su espacio geográfico con pequeñas ciudades, algunas ciudades medianas, la capital Edimburgo no es la macrocefalia de Londres (que disgusta a Smith). Habia variedad de alternativas en microrregiones y de relaciones. Esto procura alguna competición local o micro-regional. Semejante diversidad de escalas y ubicaciones se encuentran en lo social pero donde hubiera sido poco oportuno de discriminar 'convergencias categóricas' para 'consolidar las discrepancias' era clave para todos que la gente se hable.

Las categorías muy marcadas pueden tener en lo social potencial catastrófico sobre las producciones necesarias. Cosa que escapo demasiado a los partidarios de las luchas de clases o estructuralistas en incluso al ver como sigue el esquema de la mundialización buscando imponerse a estados naciones y tan diferentes como entre Alemania y San Marino o los Estados Unidos y la Granada. ¿Para qué tipo de espectáculo puede servir meter en una misma cancha de futbol los mejores jugadores dos por dos? Futbol inglés en primer caso. Futbol al estilo americano en el segundo dúo.

Para Adam Smith, los mejores negocios (¿y producciones?) se encuentren entre el medio rural cercano a las ciudades y probablemente cuando hay auges que se resplandan:

- la disposición de un mercado para intercambiar las producciones;
- las tierras en los alrededores periurbanos y busca de mejoras;
- permitiendo así tener orden, justicia y buen gobierno (a escala humana concreta).

Ademas los mercados que Smith observa son cíclicos con las estaciones, naturalmente competitivos y/o equilibran las asimetrías. Que el emplea un solo término de 'mercado' es mas en su método discursivo que en esa confusión moderna donde el concepto-etiqueta fue y sigue siendo un pretexto que sirve para imponer liberalización total. Mayor escala para Smith es más bien la economía de escala, la reducción de costos, la competición equilibrada tanto entre oferta y demanda.

Un trabajo conceptual sico-económico puede engendrar inconvenientes, esto no es de negar, especialmente cuando era de 'principiar' y no como hoy en día podría decirse 'especificar en lo concreto humano'. De notar al paso que Smith presta buena consideración al oficio de condicionamiento de los productos para que puedan ser socialmente bien distribuidos.

[Por ejemplo imaginado desde mis lecturas y viaje espaciotemporal a Escocia que cuando viniendo de los Highlands y habiendo caminado kilómetros a lomo de caballo, ero difícil de hacer muchos más o de regresar con el producto *que no se quizo vender por bajo (aunque sus productos no eran consumibles rápidamente depreciables). Mientras el comprador bien sabia que puede haber otros compradores no a tantos kilómetros. Al mismo los barcos importantes y/o viniendo de lejos no eran muchos en la Escocia de aquella época. Más se observaba una flotilla numerosa de cabotaje que permitía distribuir en muchos pequeños puertos y compensar la falta de buenas carreteras interiores. Con tal que algún acuerdo de mercado se debía hacer a satisfacción de ambas partes*].

Es difícil imaginar que Smith, creyendo mucho en estos mercados materialistas, pudiese anticipar mucho que podrán ser substituidos por los mercados financieros inmateriales con mínimas relaciones humanas. Su concepto individualista no implica esto. Estos tipos de negocios especulativos 'monopsonios o inversionistas especuladores' ya existieron en Escocia y manifestaron sus riesgos en burbujas y con crisis especulativas. Efectivamente sacudieron el país, de vez en cuando y a escala considerable.

[*La generación previa a Hume y Smith es caracterizada por el desastre del proyecto de poblamiento de Darién (actual Panamá) o la especulación y corrupción en raíz a las expropiaciones de los nobles sospechados de jacobinismo y la burbuja del Mar del Sur. En una fue alcanzo tremenda escala en las tierras bajas de Escocia. Cuando la maturación escolar de Smith fue el sistema financiero escoces que encontró dificultades aunque de principio (y pudo mostrar la ventaja de obtener el respaldo de los bancos ingleses a través las sucursales escoces en Londres: como últimos proveedores de liquidez en tiempos difíciles*]

*Densidad, endogenismo y acumulación mercantilista*

Pero parece lógico llamar a los que están en el ocio a trabajar 'honradamente', supliendo recursos a la buena producción. Así, da un papel más dinámico a los que disponen de renta, a manera de desarrollarla. Bien puede ser que su concepto de renta no tiene el sentido que tenia o que tomara el siglo siguiente: cuando realizada su fortuna y aprovechando la estabilidad 'mercantilista de sus ganancias previas', el burgués más o menos ex-especulador se retira en sus propiedades, para disfrutar de su acumulación, extrayendo su provecho sin mejorar su productividad y empleando su ocio para distraer las producciones cuando muchos sufren de escasez. Claro podría faltar a Smith mas claridad con el balance ex-ante ex-post económico moderno;

Mientras mejor seria de no verlo como un astrologo detrás de su bola de cristal.

¿Cuál hubiera podido ser la relación de Adam Smith con el señor David Ricardo o John Maynard Keynes? Claro, estos dos fueron benditos por los mercados de valores y fueron bien convencidos de haber respondido a la llamada de Smith: comprometiendo sus recursos en las producciones. Pero lo más interesante en esto no está tanto en el entendimiento o sus dificultades de conversaciones pero en los efectos metodológicos a plazo:

- la proximidad humana y gente diferente protagónica con Smith es decir requiriendo cooperación, humanidad y confusiones para la satisfacción en producciones materialistas inclinadas, por último, micro-inclinaciones positivas por la mano invisible con Smith;
- alejamiento humano (mercado especulativo de Ricardo, Keynes agregando macroeconomía), confianza abstracta global sin micro-necesidad humanitaria de por medio (Keynes buscando inscribirla), divergencias discriminatorias funcionando mejor con competición ergódica, para resultados pudiendo ser desconectado de las producciones materialistas, salvo a lo lejos la micro-convicción informativa de autosatisfacción moral. Esto

118

haciendo no indispensable consideraciones humanistas cuando para financiar las producciones que se venden.

Metodológicamente, lo que aquí más interesa el ensayista es como eso efectivamente 'impacta' las socio-definiciones categóri-cas y por ende sesga los modelos sociales de trabajo conjuntos. Por otra parte como se completan los círculos para que, indirecta-mente estas necesidades humanas puedan ser cubiertas.

*[Cuando el periodo de A. Smith se observan un desarrollo agrícola significativo, muchos mercantes invirtiendo en tierras cerca de los centros urbanos, para valorizarlas; grandes propietarios aristócratas comprometidos en sus empresas segundados por 'miembros de la iluminación escoces' que emprenden reordenamientos para introducir mejoras y desarrollar las producciones de sus rentas. Estos mecanismos dan un sentido proactivo al concepto de renta.*

*Mientras es cierto que el procedimiento de cercar ('enclosures') las propiedades fue o tuvo por efecto de reducir los (espacios agrarios) 'comunes'; que ciertos aristócratas buscaron "recuperar su propiedad" echando la gente, sin importar los convenios o acuerdos anteriores o tradicionales con los campesinos y que; burgueses con comprar tierras tuvieron como objetivo de captar y ampliar la renta; sin importar los medios. No todos los empresarios de la renta tenían objetivo de priorizar las inversiones tecnológicas antes de la extracción a fuerza. Estando en esto muy lejos de observar este criterio de Smith: de ser amados por la gente que los rodean.]*

Smith tiene interpretaciones (algo audaces para su época) sobre los mecanismos micro-económicos y espera que una economía individual motive los actores económicos para llevar una prosperidad a todos.

Lo que siguió, con el desarrollo capitalista dio razón a los que encontraron "libertad" con la recuperación de los argumentos de

*Adam Smith a Ojos de Nuevos Mundos*

Smith. Pero el mismo Smith podría, hoy en día, también pensar que mucho no se tomó en cuenta. Concretamente al medio de una revolución industrial se hizo muy poco caso de los hombres de abajo y de las familias.

Estando, en un país que implícitamente e históricamente promovió el crecimiento demográfico por razones militares y expansionistas; tanto como restructurando su espacio social rural, para expulsar y concentrar la propiedad, a manera de extraer más 'renta' en una idea 'pasiva' o sea de extracción brutal, más que con verdadero trabajo con respecto a las ventajas relativas y rentabilidad positiva de la renta, indica al lector que Malthus podría también ser un caso necesario de contextualización histórica pero menos positovo que Smith ¿hubiera podido tener el objetivo de "quitarle brazos" al imperialismo británico? Sus implícitos serian mucho mas escondido en el paisaje de su argumento.

**(17)** "(precios de los productos) **al contrario, para los cuales la demanda aparece principalmente por el uso o la necesidad, son los más expuestos al cambio"... "parsimonia y no industria es la causa inmediata del incremento del capital"...**

El capital en este extracto tiene un sentido financiero pero como recursos o parte de stock que se pone a disposición de la producción (y se convertidos en algo diferente) o sea no somos en el control de las máquinas para asegurar su efecto de ordenamiento en la división del trabajo. Tambien de imaginar que Smith tiene en la mente el corto plazo financiero y el largo plazo dinámica de cambios de la renta en general.

De notar, a manera de pista de trabajo para el lector de este ensayo, que no me parece haber leído mucho con respecto a la definición de la propiedad privada, en este esencial de Heilbronner pero; mucho de la preocupación de Smith para lo que no trabaja (ocio).

Claro en un sistema de buena justicia igualitaria debemos ver la libertad individual, la propiedad legítima obtenida desde el fruto de su trabajo, la necesidad de seguridad en su propiedad... que sería mejor de hacer trabajar apropiadamente cometida a la producción social, etc. La selección puede no haber escogido, etc. y por eso la pista de trabajo para conciliar los argumentos sin prejuicio en cuanta a lo que pudo pensar Smith o como debemos examinar eso, hoy en día, en forma dinámica y proyectable.

Del extracto anterior, uno imagina la especie de ética económica 'protestante' antes de Max Weber, con la cual Adam Smith espera optimizar el uso de los recursos disponibles existentes; más que la acumulación de estos para un sub o des-usos. Concepción más dinámica del capital que tradicionalmente se imagina de Smith: efectivamente el capital es esa fracción que participa a la producción necesaria y al valor trabajo sino 'reproducción de la sociedad socio-técnica' o civilización socio-tecnica.

Smith esboza el debate que ocupara los siglos siguientes entre la oferta (u economía de proveer con productos que bastarían para empujar el consumo); muy explícito a partir de J.B. Say y las correcciones de J.S. Mills) y; la economía de la demanda (afirmada especialmente por J.M. Keynes que incrementa el poder de compra de la producción). Parecería en Smith un equilibrio entre los dos con alguna preferencia leve, para la segunda; tratándose de producción sobrevivencia y consumo de todos. Aunque haya el rasgo pragmático de la substitución de productos de consumo... 'panes de todos tipos' y no: 'solo pan blanco para todos' pero no: 'pan blanco solo para unos y los demás sin pan' (aunque quizás Smith pensaba más a la papa).

*Siglo XVIII en lo agrario*

*[Cuando Smith la producción agraria escoces observo:*

- *cultivo de papas, para uso interno, empiezo su cultivo en las Islas Hébridas exteriores (noroeste) en los años 40'; llego en la región de Edimburgo en los 60', además del consumo para los cerdos, se volvió suplemento alimenticio humano, esencial en tiempos de crisis y para sostener el aumento demográfico;*
- *el lino, cultivo y tejido simple o elaborado; de producción intra-familiar emplea el tiempo disponible de la familia, cuando los trabajos de campo no interfieren; habrá incentivo para subir la calidad, inspiración de diseños oriunda de Alemania, expor-tación a Norte-américa, el Caribe y los países escandinavos;*
- *importación de madera (de países escandinavos: costaba menos que el uso de los bosques escoceses que sirvian cuando había crisis de importación) ;*
- *construcción naval (pequeña, velera, alquitrán),*
- *vacas, ovejas para cueros, pieles, lana, en especial de los Highlands),*
- *pesca salada, ahumada, en especial de las islas del noreste,*
- *primero(s) alto(s) horno(s) a mitad del siglo (sin mucho éxito, pero probablemente conocido por Smith: cerca de Kirkaldy),*
- *carbón (todavía no bien incorporado en el acero, alquitrán (para la impermeabilización de los barcos), rentabilidad variable del carbón antes de 1780 más progresiva después,*
- *la obligación inglesa de hacer pasar por el Reino Unido cualquiera producción; para Escocia será tabaco, azúcar y algodón de América].*

(18) "un pequeño propietario que, por lo tanto, conoce cada parte de su pequeño territorio y lo mira con mucha afección... especialmente pequeña propiedad, que lo inspira y de la cual depende; tiene placer, no solamente para cultivarla, pero también para adornarla y generalmente incorporar todas las mejoras posibles ... es el más (el pequeño propietario) industrioso, el más inteligente y el más exitoso".

Este párrafo complacerá con pocas dubas tanto a los cultivadores agro-biológicos como a los oponentes tradicionales. Apunta Smith hacia quienes, el piensa, como los mas a mismo de llevar a cabo su (buena) revolución agrícola. Quizás porque observo efectivamente las premisas agrarias peri-urbanas. También muestra un poco los rasgos de su proyecto, en su convicción económica.

O sea no tiene un principio anti-pequeños o anti-humildes sino que una convicción que el Estado de derecho, el orden, la paz, la producción útil para todos, la educación en forma pragmática establecen la seguridad, tanto para los más humildes que para todos; si bien no dará igualdad idealizada.

En economía agraria, es bien conocida la inventivita e investigación del agricultor para mejorar su campo o conuco. Para nada de ver falta de ingenio y atraso en como los campesinos explotan cuando libres en su parcela, mas una falta de recursos de transformaciones. Desde fin del siglo XX también se reevalúan los sistemas tradicionales en base a equilibrios naturales, sostenibilidad de rendimientos y medios empleados. La inventivita de los campesinos teniendo menos religión para el consumo masivo de entrantes no bio-organicos de muchos monocultivos, pero con nuevos genéticamente manoseados para mantener el clientelismo dependiente.

Si Adam Smith pudo discrepar con los fisiócratas, no fue por efecto de falta de cariño del profesor de universidad para la gente del campo. Bien parecería que su 'liberación individualista' buscaba relaciones de otro tipo que las de pura explotación de los grupos dependientes. Claro ese párrafo es también muy significativo en cuanto a las traiciones de 'liberalismo individualista brutal' que vendrá posteriormente:

[...

- *desaparición de las tierras comunes (no lo harán del todo pero mucho; quedaran representando un mínimo de algo como 10% de las tierras en uso);*
- *concentraciones de las tierras y expulsión de los pequeños que se volverán la mano de obra barata de la revolución industrial);*
- *el periodo de Smith observa una acumulación continua, probablemente suave (ciertos autores han querido ver revolución abrupta) de las innovaciones para la mejora de las producciones agrícolas;*
- *noten que hablando de las innovaciones tecnológicas, los cambios en el ordenamiento agrario podrían ser diferente, según las iniciativas de los propietarios.*

Pero quizás en tiempos de Smith, esos cambios agrarios fueron más rápidos que los industriales contemporáneos. La división de trabajo no es todavía tan bien equipada de máquinas, la aceleración conjunta podría ser más general en los 20 últimos años del siglo XVIII, es decir cuando ya producidas las obras de Smith (quizás por esto el, en su lecho de muerte hubiera "decir mas". Smith visualiza más la racionalización productiva y el ordenamiento que podría resultar, o sea podría inscribirse con esto más en la anticipación que en la observación;

No esta tanto en la explotación (de los industrialistas, incluso marxista-leninistas) de las sociedades rurales, para financiar la revolución industrial. La sociedad ideal de Adam Smith es la de la proximidad de los vecinos y de los correspondientes 'coeficientes técnico-humanos';

Sería bien necesario con A. Smith entender como construían los montones estadísticos, para entender las estrategias de políticas económicas que hubiera podido promover. Es difícil prescindir de lo que hubiera podido ser la apreciación de Smith cuando la aceleración de la intensificación maquinista y química que llego a caracterizar la agricultura transnacional moderna.

**(19)** "la renta de la tierra, se puede pensar con frecuencia que no es más que un beneficio razonable o el interés de un stock obtenido por el dueño de la tierra por su mejora"

Uno de los primeros trabajos de Adam Smith fue redactar una revisión histórica del desarrollo de la astronomía hasta el análisis de las ideas del señor Newton. Smith también tuvo intercambios directos con los fisiócratas franceses que en algún modo inventaron la modelización de flujos económicos,

Por no ser un especialista biográfico de Adam Smith, el autor de este ensayo, no sabe cuál hubieran podido ser las relaciones con otros matemáticos sociales de aquella época pero, contactos hubo, en especial de los enciclopedistas franceses, notablemente: Turgot, d'Alembert (eran ambos muy matemáticos). Me parece así importante prestar atención como estos estudios y conversa-ciones pudieron influir en su concepción cuantitativa.

*Moneda, adelantos, salarios, beneficios, rentas*

Veamos: Smith evoca con frecuencia la disposición de un Stock que parece un conjunto de valores reunidos para producir. Es frecuente que en su mente Stock es dinero. Valor es trabajo, el dinero debe medir ese valor. Pero stock puede ser otro recurso más material. Tiene muy claro el precio: esto es un constante empírico sin dificultad fenomenológica (salvo para los poetas académicos o artistas): los que están practicados en el mercado. La moneda en forma metálica asegura los pagos, pero 'alimenta' el mercantilismo, metales preciosos que se vuelven Stock pero si no se comprometen en seguida en la producción.

El papel moneda tiene una función diferente a la que hoy es bien conocida. Son letras de cambio no muy numerosas (no masas circulantes) que hacen seguro el transporte de montos y la orden de pago donde se puede cambiar, en el lugar de destino, en la casa de la persona apropiada o sea; sin el riesgo de transportar valores inmediatos. Smith debe haber oído de los intentos de billetes de papel moneda que se experimentó más con mala suerte (en Francia) durante su siglo. Con tal que descarta el concepto papel moneda y la moneda universal de Smith conlleva su peligro: piezas de oro o plata.

*[Los pagos o prestamos, bancos (¿y otros?: cerca de grandes propietarios) son en promedio pequeños, una parte de estos en efectivo, la mayor parte para pagar en 3 meses. En la agricultura es para la puesta en producción (o adelanto sobre la compra de producción). Los préstamos, desde el gran propietario tradicional pueden ser más directos, sea cuando por el empresario rural (que ha leído los nuevos libros de economía agrícola) o por los bancos e intermediados por el empresario.*

*Un estudioso de la emergencia del sistema financiero escoces deberá también prestar atención al sistema geográfico de pueblos o microcentros urbanos. Aparece (¿a mitad del siglo XVIII, después de la crisis de 1739?) una recopilación sistemática de precios promedios en cada mercado de ciudades.*

*La proximidad geográfica entre estos mercados puede facilitar los intercambios de información y la comunicación, por ejemplo entre transportistas, o como a lo largo de los estuarios. En el mismo sentido el sistema de relaciones tradicionales es una forma de policía de buenos hábitos con las transacciones financieras.*

*Hemos visto la aparición del Banco Real de Escocia en 1727 y de algunos bancos comerciales a mitad del siglo, algunos financiados gracias a aristocratas. Los bancos escoceses actuales (inicio del siglo XXI) muy viejos siguen teniendo un derecho de imprimir billetes.*

*Afrontan algunas crisis, pero algo rápidamente (¿a mediados de la segunda mitad del siglo XVIII?) es un sistema dependiente de las representaciones políticas en Londres, para que: en caso de necesidad, obtengan liquidez cerca de sus colegas ingleses o, el Parlamento indiqué créditos de alivio*].

Si hay crisis; quizás alguna ambigüedad en un pasaje de Smith con respecto a la política estatal da en pensar que bien Smith podría calificar algunas intervenciones de Estado tanto represiva como de rescate en estos casos. Pero mientras es posible que ha visto que este sistema bancario no es solamente para los mas gordos.

La ironía sobre el no rechazo por Adam Smith de su alto cargo público no es necesariamente cinismo con respecto a su promoción de la libre empresa, sino solamente reflejando alguna deficiencia de lectura de Adam Smith.

Ahora, si bien el stock como fuente de producción pero con compromiso lejos de los 100%. La variación de stock esta entre inicio y final de periodo ¿y a largo plazo de esas dedicaciones a sus intereses de estructurar los mismos socialmente? Recursos de todos tipos que se hay que dedicar a la producción propiamente dicha: semillas, maquinas, fondos adelantados para producir y por ende, satisfacer al consumo de todos...

Vemos la 'transposición analógica' con la teoría de la gravedad. Un stock 'masa total' a la cual eventualmente se puede aplicar un precio promedio de valor o coeficiente. Una variación o diferencia como diferencia entre inicio y final de periodo de producción, quizás conceptualmente imperfecta pero de variation o velocidad (diferencia de monto o masa sobre diferencia de fecha o tiempo).

Distingue también una diferencia o variación o velocitad de circulación a corto plazo pero cuando el proceso de venta, entre precio natural y precio observado. Parecería que A. Smith diseña muy bien los mecanismos macros (globalmente) y micros: precios al intercambio o pago en la inmediatez, del acuerdo en los mercados.

Es bien conocido el mecanismo tradicional del mercante, comprador de la cosecha que pondrá en el mercado, financia en adelanto la preparación y puesta en cultura al labrador, asegurando (bien en la mente de Smith) sus costos de vida y adelanto de trabajo.

Creo bien de imaginar que la correspondencia con el concepto de la velocidad de la masa en movimiento de la teoría de Newton guio el razonamiento de Smith. Siguiedo la analogía con la aceleración, o variación de la velocidad en el modelo físico o variación de la diferencia de capacidad (aceleración de desarrollo económica 'global': suplemento de producción a stock comprometidos iguales mas suplemento de stock comprometido de un ciclo de producción al otro (en tanto que se compenso los rendimientos decrience de la renta fija, la que no se trabajo para mejorarla o cuando la dinámica de desarrollo tecnológico no siguió.

Esto podría explicar la correspondencia de la renta como la proporción aplicada a la variación de producción; que corresponde al propietario: de logra 'acelerar' la rentabilidad de su recurso (por encima además de sus ventajas relativas estáticas (productividad, ubicación, etc.). Concepto difícil para los economistas modernos. Claro hay un 'gap' (eslabón o zanja) el propietario sin renta tiene poco incentivo en prestar el medio, o sea dejara en el ocio.

De hecho a partir de las ideas de Newton, toda Europa se lanzó a concebir modelos de fuerza de gravedad en aplicaciones sociales. Claro en la lectura aproximativa de los escritos de Newton de imaginar que Smith fue bien discreto o para que no se haga confusión cientista: como meter criterios morales donde habría solamente relación mecánica.

Vemos los 'intereses' o remuneraciones de los actores económicos (no únicamente los intereses de los préstamos):

- el propietario del 'capital' que se emplea para producir, recibe su pago en proporción del stock comprometido a la producción, en la idea de Smith es cualquier stock o medio. El propietario de máquinas no es rico, por efecto de tener muchas maquinas sino que cuando la implica en el proceso productivo, pero su definición es variable puede emplearlas (y tendrá el beneficio del producto) or alquilarla y alquiler recibirá).

- El labrador o el obrero recibe su sueldo, (honrado, decente y honesto de su trabajo), en relación a su trabajo pero completado cuando la venta de la producción hecha o sea derivada (no estamos hablando de derivación matemática bien clara) de la variación del Stock (puesta a trabajar) y eventualmente como un incentivo. No esta en la mente de Smith desnutrir el labrador u obrero. De profundizar, para imaginar quien asume la diferencia entre trabajo y mínimo de sustento del trabajador para su sostenimiento.

- El propietario de la renta recibe su pago del recurso que puso a disposición y la variación entre años. Con eso Smith, por un lado establece alguna confusión, no desprovista de entendimiento. Si bien cierta renta pasiva viene de las ventajas comparativas estaticas, mejor productividad de la tierra, buena localización con respecto a las vías de transporte, desarrollo demográfico y otro y expansión de los mercados de intercambios dan variaciones positivas y voluntarias a la renta. Hay unos aspectos muy activos y conscientes en la mente de Smith de mejorar esa renta el trabajo del rentista.

El rentista no es pasivo, puede y debe mejorar sus tierras, su patrimonio y ponerlo a trabajar. El mercante debe saber o anticipar mejor donde, como y que vender, etc. Eso me parece de acuerdo con los sectores productivos; otra excelente anticipación de Smith, un sistema de 4 o 5 sectores en vez de una sola fuente.

Es también muy claro en Smith la confusión de roles que puede haber: una persona por cierto se especializará y recibirá un pago de su mayor oficio pero en estos momentos pre o proto industrial los casos de personas que reciban sus ingresos de rentas, como organizador de la producción o por concepto de sueldo o salario no son excluyentes ni puras categorías de contabilidad nacional.

¿Podría ser en lo concreto la dificultad moderna? - con el concepto de renta de A. Smith y venir del mal entendimiento de su concepto dinámico. En donde me parece que el incorpora mejor las mejoras, por ejemplo tecnológicas, de conocimiento e inteligencia económica. Smith bien vio que estaba viviendo en un mundo (proto)-industrial y bien capto el bueno potencial de un desarrollo de todos.

No es claro si Smith imagino en qué grado el desarrollo de los recursos maquinistas podía acelerar tanto y buscar casi patológicamente excluir a las masas. Contrariamente o lo que se pensaba los luditas que reaccionaron a esas maquinas que les quitaban trabajo no fueron puramente en contra de los cambios tecnológicos: fue política algo ideologica de meter maquinas con la obcesion de reducir costos humanos.

Smith bien antes vio al contrario que años fueron necesarios a Watt para mejorar las máquinas y quizás supo de sus dificultades de apoyo empresarial financiero: un primero socio quebró.

Quizás las indicaciones de Smith para tomar en cuenta la capacidad de adopción o absorción es decir de ritmo lento de las transformaciones; menospreciando el potencial de aceleración industrial; venia de esto o también para que maduren los cambios sociales productivos de su división del trabajo, vistos en forma dinámica.

Aunque sus tiempos carecían del desarrollo de las matemáticas económicas no eran tan incipientes. Quizas fue mejor premisas de Smith sobre ciertas dificultades esenciales y riesgos de modos de cálculo de valores tangibles, intangibles y momentos oportunos para hacer balances de cuentas cuando los valores tenían modalidades plurales. Esto bien merece ser re-examinado para reconsiderar nuestras maneras cartesianas o 'partitivas' de contabilizar mejor los conceptos como « valores ».

**(20) "no es para aumentar el capital del país pero con hacer una mayor parte de este más activa y productiva que de otra manera podría ser, es lo más apropiado para que las operaciones bancarias pueden incrementar la industria del país".**

Que el capital sea concepto del parque de máquinas (en trabajo) o recursos financieros (dedicados a la producción) parecería que Smith, aunque muy preciso con los conceptos y el registro procura a ciertos términos una calidad genérica o plural. Así, por ejemplo, de la diversidad proyectiva tradicional de moneda. A esto Smith adjunta calidades tecnológicas o cognitivas de su manejo. Claro el papep moneda todavía no estaba, pero aun asi …

Manifiesta también su preocupación acerca del tesaurismo mercantilista o de la autarquía económica.

**(21) "el monopolio reduce el salario en el país en donde está, para incrementar los beneficios, por lo cual tiende a reducir las rentas y el precio de la tierra" … "Todas las fuentes originales de los ingresos, los salarios del trabajo, la renta de la tierra y los beneficios del stock, el monopolio los hace menos abundantes que … podría ser"**

Adam Smith parece considerar que el monopolio no es actor legítimo del proceso de producción; sin acusar claramente que este monopolio podría ser impulsado por uno de ellos, en especial de los que tienen poder. Muy probablemente, Smith ve el monopolio como un actor manipulador, sea público con un

Estado o fuente de poder por ejemplo histórico como poder feudal, tasas o cargas semejantes, protecciones (¿incluyendo corruptas?) pero extrañas a su justicia "igual entre todos".

Falta saber si Smith admite casos o situaciones excepcionales, aunque sea difícil, considerando la probable "adicción", en aquellos tiempos, para las intervenciones monopolísticas o rentistas 'pasivas'. Tiene ciertas apreciaciones tal cuales con respecto a monopolios procurados por licencias y derechos exclusivos. Las grandes compañías comerciantes transnacionales podrían figurar en alguna lista negra de Smith.

Pero faltando precisar con más claridad donde inscribiría la desigualdad en la capacidad de determinar, de informar, etc.

**(22) "... pero los poseedores de mucho capital mercantil son necesariamente los líderes y los conductores del conjunto de cada naciones y su ejemplo tiene la más grande influencia sobre las maneras de toda la industria, que cualquier otro ordenamiento de hombres".**

Aquí bien trasparece tanto el pragmatismo de Smith y su proyecto 'industrial': que los que tienen capital financiero (¿sentido largo de todos los recursos de transformaciones?) lo inviertan en las premisas de este desarrollo productivo útil; para el bienestar de la gente del Estado-Nación (escoses, británico y en su caso universal de la humanidad). Ademas esto bien parece al concepto muy moderno de 'lider de politica'

*Desarrollo industrial en Escocia en el siglo XIX*

*[Rasgos mayores del desarrollo de Escocia que seguirán:*
- *Escocia no saca su desarrollo industrial de la nada; tiene un desarrollo proto-industrial diversificado, microeconómico difuso, socialmente 'algo' positivo; un crecimiento demográfico*

*que procura un stock de mano de obra, unas transformaciones agrarias que 'preparan el terreno' a lo que seguirá: una integración de los mercados locales y regionales; una buena localización geográfica en el eje noratlántico (el regreso pasa mejor por ese[xlv]; la proximidad a Inglaterra (facilitad las sinergias); unas elites cometidas en los negocios o sin despreciar lo de distinguirse en las producciones; las bases de industrialización rural culmina a 20 años antes del siglo XIX ; el alivio estable de unas reglas protectoras ha llegado 15 años antes han preparado Escocia a que se dedique a …;*

- *Rostov un teórico norteamericano (y un actor extremista de la guerra fría) produce un modelo de las etapas del desarrollo reconocido, pero más bien ejemplar de Inglaterra; no es buen modelo explicativo para explicar el desarrollo de Escocia; quizás este sería más en este papel de apodo británico, adjunto por la geografía, debiendo lograr su integración y contribución en forma muy voluntaria;*

- *Inglaterra es muy significante para la economía de Escocia, con intercambios de todos tipos, aportes importantes de escoceses; así Escocia logrará captar manufacturas de niche, muy importantes para la revolución, cuando el gran desarrollo industrial;*

- *Adam Smith habla en general, efectivamente para todas las naciones (con su gente), pero analiza desde la situación escoces y aboga para sus amigos y su entorno; por lo que su utopía es difícilmente descontextualizable de sus obras, aunque por supuesto espera escribir más en general;*

- *El desarrollo de la Clyde, rio-estuario de Glasgow: boca: Firth of Clyde; es atípico, dijiese que realizó un caso de región industrial extensa, al estilo de un distrito Marshalliano con concentración local de medios; Universidad con extraordinarios alumnos (prefigurando esa reforma universitaria que se extiendo en Alemania en el siglo XIX ('Stürm Und Drang'), cuando sus filósofos sobresalientes,* padres intelectuales pero mas que todo en lo industrial experimentadores prácticos y relaciones industriales directas para aplicar eficazmente los progresos e innovaciones de los laboratorios;

- Claro, Escocia ha anticipado en forma un poco revertida y mas discreta: una reforma universitaria para tolerar las ciencias, laboratorios tecnológicos concretos, universitarios sin des-deñar volverse empresarios, emprendedores comprometidos en apoyar ingenieros o ingeniosos
- Escocia había creado un buen entorno proto-industrial cuando la segunda mitad del siglo XVIII, que podrá nutrir (¿por canibalismo?) su desarrollo industrial a mayor escala (¿gracias a su capitalismo feroz?); con una mano de obra barata: los inmigrantes de los Highlands y de Irlanda; hasta alcanzar un nivel de concentración industrial, por encima de muchas otras regiones semejantes; especialmente cuando la segunda mitad del siglo XIX (¿habiendo logrado resolver una serie de limitantes, mientras pudo esperar estas innovaciones y seguir preparando a inicio del siglo XIX?);[xlvi]
- Habrá podido, para esto, aprovecharse de la guía (recortada) de la "Riqueza de las Naciones"; cuando la dinámica social (con mimetismo individualista simplificador) normativa del desarrollo industrial llega fueron parte y están preparados para seguir y resolver bien concretamente las dificultades propias,
- Las intermediaciones tan bien intencionadas sean, tan soportadas puedan ser por sesgos políticos o compitiendo con monopolios complicados (empoderados por administraciones 'estrechas' son de cualquiera manera limitantes, en Escocia ya son abreviadas;
- Los registros de desarrollo industrial podrán implementar sinergias cruzadas en muchas partes del Imperio del Reino Unido, pero especialmente también con Escocia (Glasgow en la red de Birmingham, Manchester, Liverpool, Belfast y Londres; más difuso y local en Edimburgo, Leigh, Glasgow,

las tierras bajas, los puertos o ciudades referentes de los Highlands, el noreste de Inglaterra y el mar del Norte);

- El imperio aprecia los brazos militares y coloniales escoceses para la defensa de sus intereses así; por ejemplo cuando en negocios ultramares estallaban las burbujas especulativas que involucraban nuevos estados que fueron a buscar sus recursos financieros en el Reino Unido en especial en Londres, caso de muchos países latino-americanos (política de cañoneras);
- Brazos brutales de un imperio, moral a su manera pero supremacista y racista, liberal imperialista o sea: gran ordenador económico de la libre expansión mundial de sus negociantes y de la división internacional del trabajo (a la cual poco pesaba Smith);
- Otras sinergias para Escocia están por la cercanía con Inglaterra, costos de intercambio soportables, cuando las cantidades (carbón, hierro) no tienen buena calidad se pueden por lo tanto intercambiarlas, mezclándolo gracias a costos de transporte que lo permiten; muchos productos manufacturas pesados no necesitan de máxima calidad;
- respaldo financiero de Londres (Parlamento de por medio si fuese necesario); reducción de costos de investigación y de maturación industrial que no se asumen por entero].

En los mecanismos cuya paternidad se atribuye a Smith, el lector consta que muchos siguen vigentes. Esperando con esa lectura empiezan a sentir la necesidad de revisión o actualización de los marcos de análisis, quizás también incluso a partir de Smith. Considerando las interpretaciones 'firmadas' de muchos conceptos o interpretaciones mal atribuidas a Smith 'para simplificar'. Pero ¿podría haber buenas otras cosas que recuperar, re-apreciar y retomar? - primero porque de toda manera, con los supuestos de la Teoría de los Sentimientos Morales sigue necesaria una mejor teoría del ser humano individual, no tan 'antagónico a ultranza' pero debiendo seguir protagónico. Smith es un buen punto de partida compatible con esa economía.

Lo que también podrá hacer falta es una teoría de las relaciones sociales e aquí no tanto de insistir sobre la validez global de Marx y Engels: no fue buena, no logro ser comprensiva en la formulación económica, pero si hay muchas ideas de Marx y Engels que pueden tener uso positivo y incluso pensado en forma mas integra de ejes conceptuales. Primero para seguir preguntándonos porque la fenomenología marxista sigue vigente y también  de emplear muchas cosas, con respecto a las relaciones sociales y analíticas.

Ahora bien, para Smith un capital (como recurso financiero o de inversión operativa) puede presentar 4 formas:
1. De promover la producción bruta anual requerida para el uso y consumo de la sociedad: desde la agricultura (o afines primarios como la pesca);
2. De promover la manufactura o la preparación de esa producción bruta para el uso y consumo inmediato;
3. El transporte de la producción (¿y el comercio?);
4. La división en pequeños paquetes: el acondicionamiento para la distribución y ventas.

Con respecto a los precios: sobre la diferencia entre precios naturales deseables (que incluye todos los costes y remune-raciones) y los precios de mercado; Smith cree que la mayoría de sus variaciones no son para preocupar. Pero la referencia es que el precio no sea demasiado fuera de su valor natural (¿o sea con exagerada inflación ni intermediara ni especulativa?). Lo que es lógico cuando considerando la buena producción esencial para todos. O sea, en términos modernos, aquí hay algo sobre la transparencia y la información ¿podría haber más?

Claro el lector podrá creer que estamos simplemente copiando de un manual básico de economía moderna; o tiene que pensar que en esos, mucho viene de A. Smith, para entender hasta donde impregno nuestras vidas.

*Más sobre precios y mercados*

En el mercado, los precios son función de:

- la necesidad de las comodidades; Smith tiene un concepto de bienes 'esenciales' tan substituibles como puedan ser y con algún sentido sicológico de preferencias individuales y colectivas (pero no segregativas);
- la abundancia o escasez; en Smith razón de la producción para evitar al máximo la escasez y satisfacer las necesidades de todos, ¿asignación o incentivo para eso? - en primer lugar el interés de todos cuando dedicándose a esas producciones, enfoque y dedicaciones a esas y también la inclinación de la mano invisible para orientar en última instancia necesaria; con la reducción al máximo de los sesgos de los monopolios y extracciones ¿en especial cuando indebidamente especulativas?;
- desde su condición de poder adquisitivo, riqueza o pobreza pero sin pre-exclusión de ningún, también en un concepto de mínimo suficiente y hasta 'no demasiado tacaño con los dependientes' (¿departe del 'ordenador' de los trabajadores? Para que el trabajo se haga bien);
- ¿requiriendo que las prioridades productivas futuras sean orientadas por un sistema de información transparente? – pero esa información positivamente atendida (¿no como una oportunidad de preparar una especulación o acaparamiento?).

**(23) "sobre la representación democrática, cuando se votan los impuestos"..."pero nada parece más a mismo de establecer esa especie de igualdad de fuerzas mejor que la intercomunicación de conocimiento y todas especies de mejoras para expender el comercio desde todos los países hacia todos los países en forma natural"**

Este acercamiento de argumentos apunta a las ideas igualitarias de Smith en una sociedad donde él no se ofenda de las desigualdades o como hemos sugerido, en un mínimo para que no haya confrontación directa para resolver las discrepancias, sino que la libre empresa de todos, en un marco jurídico justo e igual entre todos... algo implícito del concepto que todos; dedicándose a la producción social importante; en una economía de escasez y ahorros (virtuosos); se puede esperar que habrá convergencia dinámica hacia un 'comunismo pareciendose primitivo' y en donde las diferencias ya no serán producidas más que por la el nivel de inteligencia.

Diferencias no en un sentido cognitivo-sicológico de clase 'superior' y con esfuerzos consentidos de educación que resuelvan en la realidad concreta, en forma óptima, las necesidades sociales fundamentales de todos.

Esto siendo una riqueza de la Nación (no exactamente en la acumulación de stock) que la ponga en lo mejor de la civilización. Los individuos disfrutando todos de ser buenos civilizados disponiendo de acuerdo con su mejores capacidades de hacer mejor. Por lo tanto las cosas contables pueden ser más sutiles: hoy en día la jerga de los mercados financieros tiene buena dialéctica aunque ya se corrigió algo con respecto a las imperfecciones de mercado, algo necesarios, los conceptos muy de actualidad con la desigualdad y la metrología del buen desarrollo humano o riqueza social.

En todo esto, más bien que de argumentar sobre la utopía del esquema, es la dificultad de saber si Smith lo visualiza así y; creo que, lo podría ser importante, es apuntar a que introducir sutilmente. Primero de cuidar que los medios no empoderan con recursos de sesgo ideológico totalitario. En segundo porque siendo por naturaleza pragmático Smith bien sabe de la imposibilidad de su utopía y más contempla que se logra algo un tanto mejor y humanamente positivo; algo más libre, donde el individuo se siente llevado a pensar que es de su mejor interés personal que de ser social positivo. En esto fracaso pero su escepticismo no hubiera sido sorprendido.

Tampoco es de argumentar que formalmente no puede ser en términos de hoy; bien pienso que:

- esa agrupación democrática de individuos libres micro-nuclear (de empresas de producciones dirigidas por 'eficaces y eficientes'), dentro de una sociedad multifactorial, lleva a una distribución estadística normal;
- Un mercado perfecto manifestando una valuación perfecta, por efecto de número infinito de micro-productores, (por la menos en ley de grandes números), grandes números de intercambios, grandes números de consumidores (en tanto que haya suficiente mezcla) conlleva estadísticamente a ... (¿la paradoja?) de un ideal comunista;
- Si la distribución (estadística) normal se 'deconstruye', tiene el riesgo de la 'regresión ergódica': los antagonismos permanentes, micronucleares (individua-lismos solamente antagónicos) esto solo produce 'calor' y no construye (sino a agotamiento calorífico y calentamiento global ... cuando materialista);
- Si el conjunto nacional o, de esta colección de individuos se construye civilizadamente, como lo espera visualizar Smith, resuelve idealmente sus problemas de escaseces y construye una sociedad eficiente, que logra redistribuir social y perfectamente sus excedentes; anticipando también perfectamente sus necesidades de inversiones. Por cierto esto llama la aproximación progresiva llamada *tâtonnement*.

En estos mecanismos estadísticos ideales cuales, bien cognitivamente, pueden nutrir cualquier registro mental, tiene características de conciencia comunista utópica (tal como parece indicarla Smith, no por cierto la indicada por la planificion centralista comunista).

De observar que, en el siglo XXI, el problema es más con los 'truncamientos supuestamente pragmáticos' que pueden ser:

- pretendidamente utópicos (seudo-utópicos), cuales, a 'las horas de las realidades' no alcanzan más que sacrificios para ciertos, más o menos pocos y solo logran economías de guerras ideológicas; a manera de mantener nomenclaturas más o menos corruptas;
- seudo anti-utópicos, para producir sociedades patológicas donde son las desigualdades que son las metas y los recursos son para aprovecharse de las poblaciones (asi de los monopolios); a manera de que la reproducción inter-crítica (entre las crisis sociales) de los beneficiados (la reproducción de la clase social), dependerá de su capacidad de 'destrucción creativa' (para seguir aprovechándose de las 'clases antagónicas ineficientes' ); pero, con algún riesgo de regresión interna (por exceso de anomia o confrontación social) a menos que tenga algún stock o renta pasiva y recursos de distribución social;
- pro-utópicos que frecuentemente no alcanzan que sus visualizaciones formales se vuelvan lo suficiente operativas para lograr que su democracia pragmática no atraiga de-estabilizaciones mayores;
- seudo-pragmáticos, que frecuentemente no pueden hacer, para alcanzar algún nivel de desarrollo material o mantener ese; sin volverse exportadores de de-estabilizaciones mayores: incluyendo servicios de utopía truncada o beneficiensa miserable, etc.

Claro en un sentido actual de las ambiciones de desarrollo social "sosteniblemente sustentados por servicios de inutiles".

Pero, para regresar a la segunda mitad del siglo XVIII, Smith teniendo en la mente los ejemplos ('civilizados') de los territorios de la Nueva Inglaterra y los Países Bajos y en mirada a prevenir las guerras que distraen recursos o motivar el financiamiento de las buenas producciones. Mientras: este esencial de Heilbronner no incluyo precisiones con respecto a las 'guerras necesarias' según Adam Smith.

*Impuestos y Estado*

Adam Smith considera 4 cualidades de los impuestos:
1. Igualdad (en tiempos cuando la desigualdad podía no ser en beneficio del pobre);
2. Certeza (claridad de lo que hay que pagar);
3. Conveniencia (capacidad) del pago;
4. Economía de su recolección.

Su democracia impositiva proviene de su enfoque de política económica. Como 'historiador profesional' que yo, ensayista, no pretendo ser, sería necesario conocer del contexto democrático de la época en lo concreto de las ciudades.

Por lo que dice Smith con respecto a la educación de los hijos de los pobres, su propia trayectoria, la equidad de un justicia igual entre todos, todo esto hace que hay buenas razones para pensar que a plazo más o menos cercano, se trata en su perspectiva individual de democracia ideal para todos (pero quizás ¿de los que pagan impuestos?), pragmática y de desarrollo progresivo.

Falta intuir si la democracia fiscal de Smith se atreveria en la desigualdad o representación en proporción a su contribución fiscal, un tanto como la de la época de Smith, pero el parece mas democrático cualitativo). La democracia fiscal en igual proporción de contribución fiscal muy probablemente la idea de Smith con sus proporciones ideales    ¿pero sin resolver su concepto de ingreso mínimo? La democracia ideal de Smith con 'a un contribuyente = un voto'. Quizás no hasta el ideal actual de la democracia (un mayor de edad = un voto). Sabiendo que el ideal de hoy bien tiene uno o las dos manos son fácil de torcer.

Para Smith, quizás de avanzar en la democracia con un paso como en lo económico: progresivo. Sea para permitir la absorción de los cambios, evitar la brutalidad de variaciones exageradas, tener estabilidad de las evoluciones para buena anticipación, etc.

Para que las aspiraciones fundamentales del ser individual y; las micro- regulaciones de la mano invisible, puedan ejercer sus efectos positivos o sus inclinaciones hacia eso; y eviten de encontrar oposiciones contra productivas.

**(24) "el consumo es la única finalidad y el objetivo de toda la producción y el interés del productor debe de ser atendido"**

Entiéndase: por los tipos de producción que sugiere Smith, sin distraerse con una crítica sistemática de las producciones que no satisfacen el consumo de todos. Si el motor del desarrollo es bien la división del trabajo esa es bien para las producciones para el consumo de todos. Las artes y oficios para el consumo y/o al servicio del ocio parecen ser menos a mismo de entrar en esa división del trabajo, tienden a ser más únicos, buscan calidad exclusiva perdiendo de su 'utilidad social'.

En una sociedad que podría dedicarse en hablar de grandes cosas o políticas económicas superiores, como podría correspondería a un distinguido profesor de moral de la academia, Smith habla de oficios populares (panadería, industria casera, etc.) sin meterse en evaluaciones morales dentro de los mismos sino que reconociendo su genio y necesidad de poder emprender con mínimas interferencias ajenas.

*Utilidad social*

'Utilidad social' no es el término o concepto explícito de Smith pero tiene mucho de esto, siendo Smith en una sociedad de clases muy claras ¿Otra esperanza y premisa de Smith? – que los ricos se conformen con invertir en esas actividades que buscan satisfacer el consumo de los productos para todos, mientras estas producciones también podrán subir en cantidades y en calidades para todos.

O sea sin ignorar las desigualdades individuales (y por pertenencia a clases) con unos implícitos ideales sociales no discriminatorios, muy a largo plazo, parecería que lo que contempla Smith es bien una convergencia, en un mínimo pragmático para la satisfacción de las necesidades esenciales de todos, hasta una armonización de suertes en la participación social. Consciente también que esto lleva a 'recompensas desiguales' las primeras siendo el reconocimiento y amor de la gente.

Cerca de estos argumentos de la citación, Smith menciona algo de los riesgos de empobrecimiento de las tareas. Antes habrá mencionado al escrito de Ramazzini, médico de la península italiana (Italia aparece un siglo después) quien público un tratado descriptivo de las enfermedades y condiciones de trabajo por categorías profesionales volviéndose fundador de la medicina laboral moderna.

Adam Smith ha leído este libro y muy probablemente detenidamente. Con tal es de pensar que no le era ni extraño ni indiferente a las condiciones de salud de los obreros o labradores porque es su tesis histórica socio-tecnica: los imperativos de sobreviviencia condicionan los seres hasta en su mente.

Quizás también este libro ha podido inspirarle sobre la especialización que resultaría de la división del trabajo. Así como esa excepción positiva que parece hacer para la 'higiene' (o premisa que pareciese hacer al respecto).

Esto manifiesta otra probable buena capacidad de Smith de inspirarse de diferentes registros relativos al humano para traducirlos en términos y problemáticas microeconómicas, sin manifestar cientismo. Cientismo cuando uno pretende fundamentar interpretaciones de leyes sociales en base a unas analogías directas y muchas reducciones la transposición de leyes físicas o biológicas o ecológicas.

Uso sutil de la analogía para construir sin exageradas reducciones ni transposición directa, los mecanismos de ciencias naturales más fundamentales tanto para examinar como determinan e influyen las emergencias en un registro algo integro de ciencias sociales.

Claro esto sirvió mucho para el desarrollo de una ciencia de la economía y es bueno que se tenga un núcleo de principios y/o un código de doctrinas alternativas, sin abusar con interpretaciones demasiado fueras de la coherencia de registro. Mientras esto, esencial cuando el Siglo de las Luces para 'extraerse de muchas 'irracionalidades incoherentes'; actualmente: en el siglo XXI el problema de la utilidad social de la economía siendo más en una re-inmersión con mejores modales y mejores formalizaciones en las fenomenologías individuales y sociales en los registros de las ciencias naturales y formales. Para elaborar mejores tramas y conjuntos de criterios y para mejor atender las finitudes de nuestro mundo, que las que se están proponiendonos. O sea además para corregir las distorsiones producidas por las exclusiones sistémicas y sistemáticas de muchas de las dimensiones humanas y ambientales de nuestras sociedades del siglo XXI.

Hay en las sociedades de este inicio de tercer milenio unas dificultades mayores proviniendo de las monstruosas sub-especializaciones de registros que inundan el mercado con expertos especializados, desconociendo de las 'ecuaciones humanas' fundamentales y esenciales desatendidas. Ignoran y hacen ignorar en especial al respecto de las ilusiones y apariencias nefastas producidas por las metodologías especializadas, aun cuando pretenden atender los disturbios de la globalización.

Smith por cierto tiene ambigüedades e inclinaciones en pro y en contra de las divergencias sociales algo ingenuoas; división del trabajo desde los objetos. Alerta discretamente sobre el riesgo de empobrecimiento del interés del trabajador para su trabajo cuando demasiado especializado. Quizás podría faltarle de ser reflexivo (¿critico?) en cuanto al mismo registro de análisis que está creando.

Es discreto porque observa y regula o sea ¿autocensura? – para lograr ¿'liberar y sugerir'?. Anticipación local no es anticipación general y no creo que él es tanto para la anticipación general como en unas especies de macroeconomías normalizadas. Lograr establecer las bases de la micro-economía liberada, ya es mucho. Más allá de la ambición de todo profesor de cualquiera universidad de dirigirse a la humanidad, Smith pragmáticamente bien podría ser con una sutil utopía y más debía esperar lograr ser algo efectivo y humanamente bueno.

Me parece que la utopía de Smith no va en el sentido de favorecer a ultranza una sociedad de clases sino más bien de gente en conjuntos proporcionados (y razonables): todos integrados progresivamente hacia una equidad de suertes y posibilidades de desarrollo personal para todos.

Cuidadosamente no se dedicó a enfrentarse inútilmente en conflictos agotadores y; aunque con desigualdad de fortuna o nivel de bienestar sus recomendaciones de vida modesta y buena.

A. Smith tiene desprecio para la acumulación mercantil, los stocks ociosos o la dedicación de estos recursos a consumos superficiales, bien antes de T. Veblen y sin poder demasiado ruidosamente opinar al respecto. Veblen es un estudioso americano de las clases ociosas para-capitalistas americanas de la primera mitad del siglo XX.

Semejante y cuidado desprecio Smith tiene para los vanidosos poderosos (de monopolios) a mismo de perturbar para sacar su provecho de los procesos productores. Hay también preocupación para que todos tengan libertades de emprender o de insertarse (muy antes de A.Sen) y tengan satisfechas todas sus necesidades; a manera que mejor funcione su 'buena personalidad civilizada'.

**(25) "la educación del pueblo común requiere más atención por parte del Estado más que la de la gente de rango y de fortuna. "**

*Funciones del Estado*

Las funciones que Adam Smith parecen entender como de política pública son (tomando de diferentes partes de su obra):

- La educación

Como lo podemos pensar del estado democrático ¿educación tanto para? - niños como adultos. Hay mención de no dejar a los adultos en las 'estupideces' o en las prácticas sectarias; de poner énfasis sobre los niños de las familias más carentes que necesitan mayor apoyo; así como estima y reconocimiento de sus éxitos.

- Lo que toca a los precios de las comodidades:

¿Solamente bienes de consumo esencial? - sin tener en este esencial de qué tipo de políticas hay como recurso de política positiva, (mientras Smith recomienda tanta poca intervención como posible, en lo usual...). Claro en términos globales, los alivios de crisis alimenticias vinieron de la abolición de las trabas a las importaciones de alimentos barratos.

O sea, libertad de empresa individual y cese de toda especie de manipulación directoral de precios; buscando especialmente que las variaciones y micro-regulaciones naturales, por efecto espontaneo acercan y se estabilizan en su nivel de precio natural.

Se necesita más estudio para saber si no excluía la intervención de los precios cuando demasiado bajos para remunerar o/y controlar las especulaciones, cuando agotadas las opciones alternativas y que el consumo esencial se veía demasiado afectado.

- La seguridad publica

Aquí es claro que Smith considera la necesidad del 'orden público'; mientras el sistema de Justicia; ¿no tiene para que ser 'injusto'? - es una condición esencial para el desarrollo de su sistema socio-económico. Como un sistema de micro regulaciones sico-sociales 'eficientes', sin criminalidad especulativa. O sea basado y castigando en los hechos y en su proporción, igual para todos y sin juicios morales subjetivos o preventivos.

Smith no detallo (?) mucho el desorden de los grandes o de los monopolios, como para apuntar a quienes; los cuales grandes aun cuando teniendo las apariencias de la benevolencia pueden seguir controlando sus privilegios (en un sentido moderno). Es de entender la condición un tanto especial y controlada de la sociedad escoses: sus universidades y sus intelectuales a la sombra de una representación parlamentaria pero también al mismo tiempo para controlar estos mismos, y la misma vigilada por una administración central y redes de poder que pueden tolerar algo pero ... dañar mucho.

*[No incluye ese texto o esencial algo de la perspectiva de Smith sobre la pequeña criminalidad inducida por la pobreza o la marginación.*

*Es, por lo tanto, un problema que ya afecta a su mundo como el hurto de vacas en tierras de Highlands, que con pocas dudas se había podido relacionar a los cambios y contexto].*

- De incluir el mantenimiento del ejercito e organización de la economía de guerra como a cargos de la Nación.

Más allá de la estrategia de no confrontación, Smith veía las guerras pre-coloniales y coloniales de su tiempo en suelos ajenos como en "tierras de nadie", pero preferia el comercio. Es claro que no estima la forma española de colonización (dice por sus pésimos efectos socio-económicos), y descalifica los maltratos (no necesarios y contraproducentes) de los esclavos en todas las colonias.

Podría hacer incomodo a humanistas del siglo XX, con sus notas acerca de ciertas culturas o sobre las fuerzas de las sociedades indígenas, porque cargadas con ambigüedades llamativas, para una perspectiva humanista 'post industrial'. Tiene estereotipos reductores, Puede ser de pensar que no se beneficiaba de suficientes relaciones críticas sobre esas, desde adentro, así como otras sobre los modales de los colonos esclavistas u otros.

Habría que precisar si ha podido leer Montaigne (sobre estos aspectos anti-esclavitud), Bartolomé de las Casas (muy importante para entender el desastre de la colonización de las indias occidentales), Ibn Kaldún (para reconocer en el muchas similitudes analíticas como en las preocupaciones de gobierno). Montaigne es probable y Smith tiene semejante forma filosófica de examinar las paradojas de las argumentos que bien hubiera podido inspirarle sus implícitos 'inscripción en la acción y perversión – contradicción por reacción que pueda equilibrar'.

Montaigne es hombre de corte de justicia y filósofo introspectivo en su retiro campestre. Se puede permitir tener comentarios más incisivos y ser sabio humanista. Smith es académico de catedra y de salones intelectuales. En su retiro campestre su obra es más sistema propositivo positivo compensando alguna superficialidad de salones para dirigirse a una audiencia de redes de poderes y poderosos que vigilan localmente y definen las políticas indirectamente.

Las premisas de Smith son deficientes para una antropo-economía, que no era imposible en aquel tiempo. O sea él es escoces en búsqueda de mayor civilización y por lo tanto es difícil de negarle el esfuerzo de dar sentido humano a su vida. No habla de proyecto civilizador, mas es con las estrategias de sobrevivencia pragmáticas. Quizás no hubiera sido mucho para el imperialismo; pero bien no dudaría en pensar que los métodos agrícolas importados por los colonos en Norteamérica eran superiores a las economías de los primitivos nativos.

Smith no debe ignorar de las necesidades de la historia del Reino Unido, aunque que pareciendo más apreciar las nuevas colonias norteamericanas, las ciudades de los Países Bajos y su propia tierra entre Edimburgo, Glasgow y Kirkaldy que Londres.

[*Aparecerá en Londres de vez en cuando sin siempre buenas experiencias. De imaginar que esto pudo influir en algo de su nombramiento al alto cargo público que tendrá en Edimburgo, después de la fama de la Riqueza de las Naciones*]. Difícil de imaginar nombrar un anarquista liberal individualista en este cargo y cuando la sociedad británica estaba en una dinámica de incorporación identidaria del liberalismo, como dimensión constitutiva de su economía nacional.

Es de ver también el empleo 'táctico' de los estereotipos cuando impartiendo curso *ex catedra*. Especialmente para el caso de la Teoría de los Sentimientos Morales, hay que compartir con el auditorio, sin sistemáticamente salir de los estereotipos para las cosas menores. Lo esencial es lo principal, el resto es complemento contextual revisable.

- Lo limpio (cleanliness) algo como la higiene pública;

Observando que si Smith no tiene mucho cariño para el cuerpo médico (no concibe que este podrá tener, por lo menos un siglo y medio después, medios terapéuticos un tanto serios). Hay en sus escritos este concepto de 'cleanliness' sea una premisa higienista (¿física o mental?) sea precisión y certidumbre en las prácticas de las políticas. Ya existían en su época las cuarentenas en los puertos. Considerando la fenomenología directa de la salud, aparte de que pueda ser complicada, era posible a buenos observadores de las urbes y del campo 'premisar bien'; es decir no solo en base en antiguas doctrinas ambientales o prolegómenos hipocráticos de los médicos.

En el término inglés de *policy* hay tanto un sentido de política como de policía, aunque en el detalle y con una idea de sociedad bien ordenada, sino autoritaria, Smith no es para la supuesta benevolencia cristiana de estos tiempos tal vez no porque es inecesaria y afecta las ganancias porque porque es poco eficiente y mas asunto personal que de emprendrer. Siempre es difícil de imaginar bien todo el entorno implícito de unas lecturas morales dedicadas a la expresión de la razón sobre la sociedad.

**(26) "Es la tarea del gobierno de prevenir el crecimiento de la falta de coraje, de la 'ignorancia bruta' y de la estupidez".**

Dos principios, según Adam Smith guían el gobierno de los ciudadanos:

- un principio de autoridad,
- un principio de utilidad (¿o necesidad pública?).

Smith procurar otras buenas razones dando en pensar que auguro bien de la utilidad individual como condición indispensable pero social (¿posiblemente diferente de la suma de las individuales?).

Pareció necesario a los utilitarios insistir sobre el concepto y 'adoctrinarlo'. De no ignorar la postura más humanista de J. S. Mills, filósofo y economista de síntesis, de la escuela del utilitarismo del siglo XIX. De hecho la lectura integra de Smith da también en pensar que su idea de utilidad era social y esencial. No, en pro del consumo de las clases en el ocio con sus 'vanidades' o sea el 'hedonismo' de otros utilitaristas.

Vemos aquí que el analista puede pasar a un determinismo bien subjetivo quizás por efecto de comentarios no indispensables pero recopilados por estudiantes copiando tanto como pudieron del profesor en su catedra. Circunstancias que desconocemos, sino fallas de corrección del manuscrito. Pero estudiantes también un tanto mejor informados sobre los énfasis puestos por el sobre el conocimiento y sobre la capacidad de Adam Smith de sentir las 'pasiones' del aula y la expression de las ideas.

*Conquista de la libertad, tiempos de Smith*

Adam Smith define la conquista de la libertad muy en fase con la época que inaugura como función de:

- la organización de la guerra ;
- los hombres (que la hacen) ;

- los medios que se tienen (para hacerla).

Conquista de la libertad donde es difícil saber cómo la entiende y justifica. Aunque, con su preocupación para la producción útil y. la satisfacción de la sobrevivencia esto bien lo piensa sin los recursos de los medios militares (salvo para proteger). Podemos creer que para el la guerra no es ni la finalidad ni son medios para conseguir sus medios de subsistencia. Bien al contrario según el, el comercio y el dialogo son todo lo que hay que desarrollar para evitar las guerras. Las complementariedades, los substitutos y la curiosa diversidad de los intereses valorados de los humanos  bien pueden prevenir las guerras.

Smith establece clara separación entre las necesidades de los medios de guerra y por ende de Estado-nación(es) que las llevan o sea las necesidades y las contradicciones son contrarias a su economía de paz. Esa clara separación bien puede tener sus motivos morales, no es, por lo tanto, todo lo que debe motivar a Smith. Conociendo de los medios 'normales' de la historia de las islas británicas, a pesar de relatos históricos más hagiográficos de gloriosos hechos que historia económica; los enfoques analíticos de Smith son pragmáticos. Tiene sentimiento de la superioridad de su civilización; es muy probable que él hace esa separación porque pudo investigar y ver las contradicciones entre unas guerras entre Estados Naciones para conseguir más poder y aplicar 'su derecho de saquear' o definir monopolios deducidos de alguna economía de guerra.

El observa que más tienden a agotar hombres, medios, stock, para endeudarse y perder en capacidad de producción y recuperación. Mientras las grandes exploraciones han puesto en evidencia nuevos descubrimientos, oportunidades, a mejor costos que las guerras y mejores ingresos. Incluso gracias a la asimetría que pudiese existir entre una potencia como el Reino Unido y cualquiera tierra 'menos civilizada'.

*Adam Smith a Ojos de Nuevos Mundos*

También de notar que la división del trabajo era fenomenológicamente natural en la manufactura de los medios de guerra, otra fuente posible de inspiración de Adam Smith. Pero Smith bien parecía tener conciencia de que la 'economía de guerra' era en competición clara con la economía que proponía. El auge tecnológico que presenciaba tambien podía necesitar ser orientado (por la Teoría de los Sentimientos Morales) y enfocado (gracias a la Riqueza de las Naciones) hacia la economía productiva positiva, más que para servir la manufactura de los medios guerreros. Proyecto moral quizás, pero dinámicas tecnológicas y entorno social-económico cuidadosamente analizados para llegar a la convicción de que mucho más se podía esperar en términos de 'desarrollo social nacional' de la economía de Smith que de seguir en los mismos recursos de siempre.

*[Veamos como:*
- *Francia se hizo con un Estado central un primer lugar absolutista y posterior a la Revolución, tecnocrático muy centralizado (jacobinismo, llamado por este convento donde se reunían esa elite revolucionaria que paso a dominar la Asamblea Revolucionaria),*
- *España hizo lo que pudo con un reino 'reconquistado a espadas', también absolutista seguido por un Imperio precozmente conquistador y colonial que mas alimento su mercantilismo exponiéndola a la 'mala suerte de la extracción difícil de sostener' llevando a la decrepitud, a un cambio de dinastía desde afuera y en fin, la liberación de casi de toda América Latina ('conquista de la libertad de los criollos').*
- *Agotamiento colonialista algo rápido para poder qedarse como primeras naciones al estatus del cual habían llegado como hubo para Portugal (primero en los mares del Mundo) y en menor grado (¿por mas comerciantes?) los Países Bajos;*

- *Reino Unido que, con frecuencia, pudor resumirse a guerras frecuentes internas y llevadas en el continente para 'servise', cambios frecuentes de dinastías, pero consolidación de un Estado plurinacional con un parlamentarismo fuerte; llegando a ser una potencia marítima comercial con suficiente demografía para no agotarse y alcanzar supremacía mundial: segundo imperio mundo cuando capitalista, industrial e imperialmente liberal (pudo así 'federar' sus naciones 'internas' en este proyecto, salvo la más pobre: Irlanda.*
*... insoportable levedad de un resumen de la historia 'formatriz' nacional moderna pre-actual.*]

De observa como las librerías del Reino Unido actual testiguan de su historia militar: gloriosa a criterio de los tiempos pasados y; brutal, según los criterios actuales. Sin olvidar que pudo por eso ser brava y honradamente remediar a ciertas cosas: prohibición del transporte marítimo de los esclavos, refugio de la libertad de pensar o en su papel contra el régimen nazi. Así como, oportunismo cínico, pero finalmente positivo: apoyo a las 'liberaciones' de América Latina.

Adam Smith no entra en conflicto con lo de su tiempo, las relaciones de Escocia con Inglaterra son frágiles en sus tiempos y bien se debe de justificar el papel militar de protección nacional pero comunica sus inclinaciones, o sea:
- no discute de la necesidad de guerras; son recursos de país-Estado con ejercito de nación (la marina es por efecto monopolística) (el concepto de Estado-nación empezó con Grotio en el siglo XVII pero el concepto a inicio del siglo XXI debe mucho al siglo XIX);
- la protección de los mercantes, pero bien podría ser, para Smith, un concepto de protección de pequeños y medianos mercantes y transportistas más que de grandes e importantes que van lejos y que pueden asegurar su propia protección;

- es difícil pensar que Smith hubiera apoyado el concepto muy imperial liberal que permitió a Inglaterra cobrar impuestos a 'muchos ciudadanos', para proteger a unos grandes o mercados británicos que se metieron en especulaciones ultramares en el siglo XIX;
- se preocupa de la solidaridad de los impuestos de guerra, en especial de las colonias norteamericanas "protegidas" de las 'potencias extranjeras' sin contribuir al erario publico del Reino Unido (según Smith);
- es preocupado por la (diversión) de la economía de los medios militares cuando en paz; a pesar de sus tiempos, la economía de Smith es bien contraria a la del "aparato militaro-industrial";
- hace una distinción entre el amor al país y el a la humanidad (¿porque uno se sacrifica al primero pero no al segundo?);
- tiene convicción de que la mejor manera de evitar la guerra es de discutir e intercambiar (¿sin coacción cuando no hay monopolio?).

(27) **"Raras veces se escucha de las combinaciones de los maestros, mientras es frecuente que se oye (al respecto) de los trabajadores pero, de imaginar, por esa cuenta de que los maestros** (dueños, gran emprendedores) **poco calculan o combinan, es ser ignorante del mundo y de sus habitantes. Los maestros son siempre y por doquier, en una especie de acuerdo tácito, constante e uniforme de combinaciones para no aumentar el salario de los trabajadores por encima de su proporción natural"...**

Adam Smith menciona 4 razones de subordinaciones:

1. La procediendo de las calificaciones personales; con las cuales parece convencido que son democráticas (o deben de serlo) sin discriminación de clase social (en el sentido que tomara posteriormente), cualquier uno debe poder sobresalir;

2. Por edad (diferencia de), inmerso muy probablemente en la condición profesional (experiencia en el trabajo) y considerando que la edad es determinante para que el oficio.

Smith no aprecia muchos los efectos monopólicos de las corporaciones de oficios que podían existir en aquella época (los aprendices debiendo toda su carrera sino hasta su vida al autoritarismo del patrón), pero al cosas en Escocia pueden ser un tanto diferente, no estamos en grandes ciudades al servicio de grandes cortes. Potencialmente así también hubiera podido ver las uniones obreras; pero no es seguro que, a manera de contrapeso y viendo las asimetrías de negociación el Smith pragmático hubiera podido desaprobarlas del todo.

3. Subordinación procurada por la superioridad de fortuna, probablemente en la idea de Smith sin prejuicio moral, pero en tanto que en su sistema los adinerados asumen sus responsabilidades, las virtudes que prestan a su rango y prácticas 'amables' (por los efectos que producen); además con la flexibilidad que les permite sus recursos, frente a las circunstancias y por ende las aproximaciones de la mano invisible.

4. Por nacimiento, en la misma idea que la anterior, no hay prejuicio negativo, probablemente también posibilidades positivas en sus comportamientos sociales.

La subordinación por nacimiento si Smith carecia de prejuicio pudiese imaginar que permite mecanismos de incentivos sociales positivos o negativos; en tanto que se comprometan para la producción que contempla Smith. Otorgar y facilitar no necesariamente por ejemplo en obras caritativas pero si toda especie de producciones necesarias, inversiones en los plazos que parecen poder corresponder.

Para que con calidades morales, virtudes y buenos modales de 'gentleman' o empatía den un sentido socialmente positivo al cuidado de sus intereses considerando las diversidades de las necesidades productivas y de formas de compromisos requeridas en las producciones a la larga, efecto positivos hacia menos discrepencias bien superiores a cualquieras obras caritativas directas.

Con respecto a los comportamientos delincuentes y responsabilidades penales de los criminales en forma general, Smith detalla los elementos objetivos y su juicio. No juzga o condena los irresponsables de la misma manera. Sería necesario saber cómo entiende definirlos. Considerando la sociedad de desiguales salvo frente a la Ley. Seria de precisar su pensamiento como imagina las tramas sociales de derechos y deberes y correspondencias de las transgresiones: autorías intelectuales de los crímenes, tipos de crímenes.

Como Smith considera empoderar el 'dejar hacer' en lo económico, es evidente que todas personas involucradas tal como lo sugiere en su esquema de producción social, con los hábitos que espera bien poco tiempo tendrán, para más.

Smith aboga para una sociedad tolerante de respeto y reconocimientos mutuos, que se ordena positivo y espontáne-amente; no basada en el ocio, el hedonismo, pecando y perverso, la acumulación mercantilista, los derechos de intervenir en las vidas de los demas, al antojo de los caprichosos que pueden.

En la citación Adam Smith propone un funcionamiento societal y/o un ideal esencial; ¿podría proponer también? - sean unas normas con lo que se puede esperar de cada cual niveles de 'obediencia', e incluso mínimos sociales económicos[xlvii] correctivos. Bien menciona que se basa en la confianza, no de los mercados, sino que de toda la gente sin exclusión que trabajan e intercambian. Lo que es especialmente interesante es que los supuestos e implícitos de Smith llevan a una estimación de las relaciones sociales económicas. La independencia de cada cual no es ignorante. Sus propuestas estratégicas tienen recomendaciones que no son partidistas, la unidad social está en mirada.

**(28) "en cualquier lugar que sea, donde hay gran propiedad hay gran desigualdad. Para un hombre muy rico puede haber más de quinientos hombres muy pobres... "y la afluencia de unos pocos presupone la indigencia de muchos"... "el gobierno civil, en tanto que sea institucionalizado para la seguridad de la propiedad, es en realidad instituido para la defensa del rico contra el pobre, o de estos que tienen alguna propiedad contra los que no tienen nada. "**

Aquí el lector es llamado a reaccionar; aunque pudiendo discrepar con los medios de control de esas injusticias, bien Smith está condenando estas cosas promovida para defender las propiedades de los ricos. Claro de imaginar que su sistema de compromiso tanto como se puede de estas propiedades o stock a las producciones que importan podría ser la mejor manera de protegerse de esto.

O sea, a menos de pensar que el Profesor de Moral de origen aunque no del todo humilde, que paso por tiempos difíciles y logro, con apoyo de la buena voluntad de familiares, profesores heterodoxos, etc. no bien vistos por la elite inglesa; pueda constar de esa manera y esquivar la reducción directa de estas faltas de justicia, solo se entendería porque concibe que el sistema que propone puede potencialmente mejor reducir esas inequidades. Su descripción corresponde a la presentación de una situación no deseable en un estado de injusticia más que prueba de su individualismo anti-altruista.[xlviii]

**(29) "Ciertamente ninguna sociedad puede florecer y ser feliz si la mayor parte de sus miembros es pobre y miserable".**

Esto completa la nota anterior. Por cierto permite imaginar sino reconocer el proyecto de Smith, aunque bien se puede no descartar la idea de un concepto de gente minoritaria que 'mereció su mala suerte,' como las religiones pudieron a su vez instrumentarlo. Los escritos de Smith toman también en consideración los discapacitados. A tal manera que me parece dudoso que, por efecto de su vida Adam Smith, no incluía algún mínimo social cuando las circunstancias adversas: beneficiencia cuando no hay familias para suplir y exhaustadas las alternativas.

Menciona la educación de los pobres donde el Estado es subsidiario y tiene que suplir. Sería igualmente extraño de que ese apoyo se pare si trayectoria universitaria del joven puede haber.

*Condiciones de trabajo, condición obrera*

Para Smith la naturaleza analítica de las desigualdades en el empleo u oficio proceden:
- del gusto o disgusto con del trabajo;
- de la facilidad o dificultad de su realización, incluso desde el punto de vista de su aprendizaje;
- regularidad o irregularidad del empleo en un sentido de estabilidad en el trabajo;
- confianza o confiabilidad de los en sus tareas (¿y los que organizan y dirigen?);
- de la probabilidad o improbabilidad del éxito (tanto en un sentido con la realización del trabajo como de empresa).

O sean bien dentro del análisis del trabajo y ordenamiento empresarial, casi todas con aspectos humanistas, más que 'a fuerza de ignorancia del patrón sobre las verdaderas condiciones (y cognición) de trabajo'. Esto solo un resumen para muchos profesionales, tanto de las ciencias del trabajo como de sico-socio-micro-economía.

Debería de verse como una prueba extraordinaria de la perspectiva humana de Adam Smith[xlix]; cuando siendo un filósofo profesional que hubiera podido dedicarse a asuntos mucho más 'elegantes' de una sociedad de intelectuales privilegiados. Bien produce una obra para comprometerse analíticamente, más que para pensar en vez de los humildes; presta atención a los elementos sico-sociales y educativos, sin introducir juicios de valores sobre lo que debería de pensar y creer la gente.

Según el la gente es determinada mentalmente por el entorno social económico y ambiental histórico en sus necesidades de sobrevivencia. Se pueden detectar lo que hoy en día se concibe como: motivación (cualitativa) en el trabajo, preferencia o penibilidad, aprendizaje, estabilidad o flexibilidad, plan de vida, confianza y delegación al entorno social, coyunturas, retornos etc.

O sea dimensiones que, además, no parecen abreviadas o simplificadas a categorías. Cuando todavía muchos, hoy en día, se emplean a reducir las prácticas gerenciales 'liberadas' de las 'complicaciones humanas'. Es decir parecería que Smith busca esquivar los diseños preliminares, las clasificaciones de los administrados de 'hatos humanos', cuyos estragos son de generar frustración en los 'categorizados', de discriminar clases en los 'abreviados' (sin soportar que recuperen el concepto), ignorar soluciones fenomenológicas empíricas y concretas que podrían justificar un análisis al estilo de Smith. Aunque el ensayista on confía en esto, reconoce algo que podría ser moderno y diferente en Smith que lo usual.

**(30) "lo que es prudencia en el manejo de cada familia es muy difícilmente locura en el** (manejo) **de un gran reino"**

Jamás debemos olvidar que Smith se dirigió a la sociedad de su época, más para acabar con los rasgos los más anti-individuales (u anti-humano); que bien ha podido producir un parlamentarismo británico a partir de la Carta Magna de Inglaterra. En tiempos de unificación de Inglaterra y Escocia de Smith su propia sociedad todavía no exactamente igual a la de la potencia dominante pero donde habían dinámicas en Europa que empezaban a servir los desarrollos humanos e imaginados superiores a las economías de predación, rapiña y acumulación mercantilista que prevalecia.

Esto mostraba que re-emprender un ciclo de antagonismo y conflictos (tal como el de la llamada Guerra de Treinta Años) no tenía sentido. Aún más cuando se tenían bien en la memoria los rasgos de desarrollo histórico basados sobre esas violencias: religiosa y revolucionaria (la Republica de Cromwell), el sistema feudal, etc.

Lástima y por cierto las economías de predación, rapiña y acumulación mercantilista se pudo reconvertir y subir en escala a niveles economías de imperialismo oceánico, liberalismo obligado y desarrollo de mecanismos financieros para la acumulación monetaria que dio buen espacio a la libertad de empresa de los más potentes. La investigación en los procedimientos científicos y tecnológicos para sostener esa y asegurar protección a los que más podían establecerse como monopolios.

Todo esto bien contradictorio y extraño a las ideas de Smith pero bien manifestando las necesidades de sus explicaciones precauciones, modos operativos y sus propias recomendaciones.

Manteniéndose a una distancia humana demasiado 'separada' o sea poco liberando la gente y faltando mucho de los modales que tenía Smith para examinar las cosas. Sin dejar, los 'directores políticos' (del imperio de Victoria) que se hagan las agregaciones favorables a las libertades económicas de todos. Perfiles preconcebidos de reducciones nomotéticos desde arriba hacia abajo, muy por debajo de todos.

Respectando efectivamente las libertades individuales de todos y también algo de las sugerencias morales de Smith, quizás hubiera sido posible que el desarrollo industrial tome un rumbo algo diferente del que produjo el sistema occidental: unos conglomerados colonialistas, bloques imperialistas, reacciones sociales desesperadas más o menos marginadas o 'limpiadas'. Pantomimas de imitaciones de un determinismo autoritario supremacista afectado por crisis recurrentes que solo se puede intentar de cambiar con revoluciones cuando sin nuevos descubrimientos de stocks energéticos masivos.

Frente a una esperanza concreta; en las premisas de un desarrollo o evolución industrial, Adam Smith habla a una sociedad a sus elites y estudiantes para que no se pierda en otros ciclos de dogmatismo y soluciones autoritarias violentas.

Constando los resultados poco menos de siglo después, Marx no hará metodológicamente muy diferente pero tendrá que basarse en reacciones a los hechos y practicas con presunciones opuestas a Smith; porque las evidencias histórico-contempo-ráneas lo imponían así; guste o no guste a los empresarios de arriba la gente necesitaba ver un mundo mejor.

Ambos autores mayores hacen sus obras como testigos de su periodo donde algo pasa en Europa; del punto de vista de las ciencias y de reglas naturales que emergen, no exactamente, con las simplificaciones teológicas previas. Para Smith la libertad es necesaria de obtenerla para el individuo pero procurada por la sociedad, dentro de conjuntos democráticos sociales como una necesidad democrática efectivamente representada, civilizandose, progresivamente hacia lo igualitario, por naturaleza íntima y buena voluntad imprescindible de la mano invisible.

*Cambios de economía*

Smith recomiendo gradualismo en las dinámicas de cambio, eso menos ambicioso que de buscar revolucionar completamente la estructura de poder. La ambigüedad o ilusión del cambio revolucionario, más funciono cuando fue tecnológico y seria de ver como poder pasar más rápidamente las etapas cuando faltando maduración o enseñanza de la consolidación. Se intentó a fuerza de sacrificios humanos, comunitarios como una forma de 'especulación monoteísta'.[1] Mientras que para la(s) clase(s) dominantes apenas de conceder apenas para mantener lo esencial: una orden que le(s) sirve(n) bien.

Cuando para Adam Smith las desigualdades son evidencias no para luchar directamente, pero probablemente para desplazarlas entre ciudadanos hacia más las producidas por los reconocimien-tos de los méritos a los cuales, dentro de la sociedad, mejor pueden impulsarla con virtudes morales además de empresarial sin ser ingenuo, esquivando ocio caprichoso y remuneraciones parasitarias a cortesanos sacando provecho de la sociedad productiva gracias a sus monopolios mientras descuidando las cosas socialmente útiles para todos. Riqueza de las naciones, bien mejor, eventualmente plural; requiriendo un Estado de Derecho ideal

Parecería con Smith que siempre es necesario introducir un 'pero' o una contraposición menor o complemento al argumento principal, para mantener lo humano y subir en escala. Mucho de la libertad de los empresarios u hombres de negocios, según Adam Smith, consistía en evitar los hombres de estado (políticos) o las cortes de los poderosos que no se dedican a la economía de todos. Parece indicar un concierne público mediado en norma subsidiaria: especialmente cuando afectando a la equidad de la justicia, el Estado podría intervenir, en última instancia probablemente agotados todos los substitutos. De hecho es de ir a ver al sistema jurídico ingles de Equity que completo la Common Law. Su modernización coincide además a mediados del siglo XVIII.

El problema con el capitalismo industrial a escala liberal-imperialista fue que se pasó a una coalescencia de individualismos[li]: monopolios u oligopolios y grupos o clubs de intereses personales cerca del poder con medios de hatos de humanos para las guerras exportadas (estas continuaron) y a masas de lumpen-proletariado como simple reconversión de la avidez mercantilista a un compulsión para beneficios de círculos monetaristas; liberados en mercados a manera de conquistar ganancias desde cualquier especie de negocios, con cualquier olor a especulación, en espacios muy selectos a pesar de que importantes; poco importando las sutilezas de Smith.

Mucho de lo que era a mismo de establecer mecanismos rentistas superiores que sean negativamente pasivos o extractivos de humanos o producciones ad hoc. Eventualmente ignorando los insumos de ingeniosidad de muchos; promoviendo desigualdades entre personas, competidores y pueblos. Generalmente sin dejar tiempos de adaptación, absorción o ajuste. Exaltando sea el vencimiento total, sea la aceleración de la obsolescencia.

Gracias al imperio de los medios estratégicos de imponer negocios no necesariamente deseados; favoreciendo estructuras sociales manteniendo las discriminaciones (como en las colonias británicas), eventualmente culturales para establecer su propio orden; cuando no; para re-emplazarlas del todo (colonias franceses o holandesas). Desigualdades forzadas para inscribir las sociedades colonizadas en las jerarquías 'supremo-racistas' eventualmente algo de tinta in tanto 'moral y democrática'. La autosatisfacción todavía necesita el sentimiento de haber hecho lo mejor para los demás de la mejor manera, por lo menos, oficialmente.

Así de lograr que los 'ciudadanos escogidos' reciban sueldos y productos de consumo barato y puedan 'beneficiarse' de reconstrucciones civilizadoras; mientras los avances hacia la democracia económica y política se demoraban mucho, tanto como se pueda, especialmente por los colonos o por los criollos. Así hubo regresiones de bienestar de muchos humildes y esto produjo nuevas construcciones sociales: clases, sectores, uniones, fuerzas; frecuentemente bien controladas y bien desanimadas por las policías represivas del orden público.

De mencionar al lector que podría creer que mi selección de citaciones es sesgada hacia los rincones humanistas de Smith; se podrán enterar en el anexo de estas en inglés, donde se indica la obra de origen (son muy fácil de rastrearlas en su capítulo original en la web); 2/3 provienen de la Riqueza de las Naciones y solo un 1/3 de la Teoría de las Sentimientos Morales. Por lo que hasta la más conocida obra tiene sus matices.

*Siglo XIX la Revolución Industrial de Escocia en lo Social*

*[Rasgos del desarrollo industrial de Escocia que siguió el periodo proto-industrial de Escocia o sea a inicio del siglo XIX:*
- *el desarrollo industrial de mayor escala se observa más en las tierras bajas (sureñas) de Escocia, a expensa del mundo gaélico de los Highlands e Irlanda que procuran la mano de obra barata y 'desconectada' de sus culturas;*
- *produce reacciones culturales, algo literarias por ejemplo con Walter Scott a inicio del siglo XIX y en Irlanda (más tarde y que será el punto de partida de la independencia a inicio del*

*siglo XX: para los irlandeses el paradigma que se aplicó fue el de W. Petty);*

- *por efecto de migración rural a la ciudad el crecimiento demográfico, es mayor hacia la región de Glasgow;*
- *con la subida en escala, el espíritu de empresa se vuelve más ignorante de la condición social y humana y; más brutal en su extracción de rentas o reducción de costos gracias a bajos sueldos,*
- *las condiciones sociales se vuelven así muy favorables a las rebeliones por desesperación, anomia social (actos productos de la violencia social o 'exterminaciones sanitarias' empeoradas por la desnutrición);*
- *la base proto-industrial previa represento un capital y un saber hacer tecnológico que fue bien respaldado por el "espíritu empresarial" y financiero, para los beneficios de los que poseen stock en cualquiera forma; hubo flexibilidad y un objetivo sencillo: conseguir beneficios[lii]; y no se puede negar que Escocia (aunque no de todos) pudo lograr mayor desarrollo;*
- *los medios de control de la sociedad fueron al servicio de los poderosos que pensaban tener más derechos que los demás;*
- *gracias a su posición geográfica en el eje marítimo noratlántico: Nueva York – Boston – Saint John – Glasgow – Liverpool; Escocia logra su desarrollo y buena integración en el Imperio británico;*
- *Glasgow parte gracias a la maturación tecnológica inglesa u otra, logra colocarse como líder mundial de muchos productos complejos y obras claves de la revolución industrial: astilleros, motores, etc.*
- *la densidad de las interrelaciones industriales pudo significar mucho en la región de la Clyde, paso de una industria liviana que empleaba mejor (¿mas según los criterios de Adam Smith?) a una industria pesada con mayor división de trabajo y peores condiciones de sus obreros (¿contradictorio con el*

*deseo de Smith? - más civilización menos bienestar individual y social);*

- *la diversidad previa provee con mejores capacidades preliminares, mejor respaldo y; al mismo tiempo, permite esperar los pasos que tardan (una forma de destrucción creativa, pero que nutre, antes de canibalizarse);*
- *intercambios beneficiando a complementarios entre Escocia e Inglaterra; por ejemplos:*
- *polo temprano de producción de máquinas, para la revolución industrial;*
- *desplazamiento del lino (cultivado en Escocia) por el algodón (materia prima proveniente de Estados Unidos);*
- *desarrollo de las industrias químicas relevantes para las preparaciones y limpieza de los tejidos (integración de ramas de producción y sinergias);*
- *expansión de los hatos de ovejas, incremento de la producción de lana, ¿en las tierras 'liberadas' de sus humanos?;*
- *a mitad del siglo XIX Escocia pasa a ser muy importantes sino dominante en la manufactura de locomotoras, construcciones navales, motores de marina, una vez resuelta la mala cualidad del hierro Escoces (demasiado fosfórico) (de mezclarlo con el proveniente de Suecia) y de esperar el propio procesamiento a mitad del siglo XIX, para producir aceros maleables y volverse líder mundial en la 2$^{nda}$ o 3$^{era}$ etapa de la "revolución industrial";*
- *también al inicio se intercambiaban carbón y hierro de menor calidad con Inglaterra, para mezclarlos, gracias a la proximidad entre Inglaterra del Norte y las Tierras Bajas sureñas de Escocia: la diferencia de precios y costo del transporte, es viable;*
- *hay fracasos relativos del desarrollo de las obras de infraestructuras para integrar el país: así de los canales o carreteras; los ferrocarriles serán los cuales (con esquema de*

*financiamiento difícilmente llevado a cabo) que realizaran la integración geográfica por tierra de Escocia tambian algo mas tarde;*

- *al inicio los compromisos sociales iniciales fueron útiles para Escocia: trajeron recursos de sobrevivencia y sirvieron las necesidades primarias;*
- *en general los intentos públicos de reasentamientos de ex-militares en agro-empresas rurales propias fracasan; serán varios entre 1745 y 1845 con grupos diferentes y variedad de propósitos (colones repatriados, ex-militares, excedentes rurales);*
- *reacciones sociales tempranas más o menos desesperadas a inicio del siglo XIX y más o menos mejor organizadas a mitad de del mismo siglo: sindicatos de trabajadores o campesinos (muchos entre 1820-1830, desarrollo socio-industrial alternativo: chartismo, ludismo...].*

## Conclusión

Adam Smith sin dudas aporta un método para sistematizar y enfocar; su ciencia e incluso justificaciones morales al mundo industrial aunque no tanto como él parecería esperarlo. Este capitalismo industrial, en su gran brutal expansión y expresión era difícil de anticipar, creo, por Adam Smith. Una vez logrado un desarrollo regional de Escocia, algo equilibrado; la aceleración de la liberación de las tierras, el empobrecimiento de los emigrados, su conversión en mano de obra barata, el progreso del desarrollo industrial iban a aprovecharse del libro y del mundo de Smith, pero no de la obra en su conjunto y no como lo podía esperar. Se ignoraron muchas de las precauciones, método analítico e incluso de algunas anticipaciones pésimas que tenía. Si estrategia y proyecto ideal hubo, de reconocer que no funcciono del todo.

Difícil también de ver en qué medida Escocia no tenía que pasar por la imitación de la revolución industrial de Inglaterra. El 'Smith mínimo' inspiro a ambas. Pero esa perversión de la propuesta humanista o más bien su apuesta humanista (¿ingenua?) hizo que la revolución industrial misma se extiendo al Mundo como monopolio público imperial (marco jurídico no previsto por Smith), para imponer 'liberalizaciones' que podían facilitar la misma ordenación mundial y asegurar beneficios a los privilegiados, recuperación de costos por el Estado gracias al pago de los impuestos para invadir, proteger, forzar, desarrollar.

De notar que el principio liberal, supremacista británico tendió en su mundialización más a reforzar y sesgar las estructures jerárquicas tradicionales que le convenían, para imponer su ordenamiento. Impuestos para cubrir los costos de colonización de los pueblos, no tanto sus derechos a la autodeterminación que solo aparecerá con la primera guerra mundial. Las colonizaciones británicas fueron será de grandes propiedades (África) o lugares especiales de poblamientos como Australia (convictos) o Suráfrica (población bóer prexistente),

Se inscribió como un paradigma reduccionista atribuido a Smith pero, para ignorar las precauciones y condiciones de cambios humanamente absorbibles. Sea porque los 'inventores de la economía moderna de todos, aunque las corrientes menos protagonistas, extendieron sus anticipaciones con potencia normativa o; porque las anticipaciones metodológicas luminosas de Adam Smith sufrieron menos los ultrajes del 'siglo y medio de matematización particionada de la economía'.

Para Adam Smith, como para muchos otros pensadores intentando de ser humanistas completos, parece que sistemáticamente el resumen hecho para ellos busca traicionar-los. Así con Descartes en la práctica de las ciencias de guardar solo la parte "reducción a pedazos" para esquivar las mezclas,

las confusiones, los solapes y las lógicas de conjunto 'sistema' y pasiones (que también exploro). Por los tanto las ciencias con Descartes (y Galileo) tuvieron extraordinarios desarrollos gracias a la expansión del cálculo infinitesimal. Pero de redescubrir; hoy en día; los complementos que Descartes sobre las teorías cognitivas, con respecto a las pasiones, ¿podría eso esperarse también de Smith en lo sico-cognitivo antropo-económico?

Hay buenos motivos de pensar que Adam Smith cumplió con su legado humanista construyendo una obra bien en la historia universal; introduciendo o desarrollando unos procederes analíticos para soportar una utopía humanista de 'libertad humana' o unidad humana individual pero hay que reactivar las esperanza modernas en unos motores sico-sociales. Quizás, el intento adjuntar la suya en contraposición de las tendencias históricas; o tal como necesario. Examino una coyuntura histórica relativamente feliz y tomo las lecciones de los errores socio-históricas anteriores, teniendo en conciencia lo que estaba para mejor gracias a la paz y con orientando sus industrias en el buen camino, sin ingenuidad.

El método de Adam Smith próspero y sigue vigente en muchos aspectos y fragmentos. Así como occure con investigadores con semejante estatura. Hay incluso muchos conceptos de Smith que serían bien de re-examinar para influir más positivamente sobre el curso de los comportamientos sico-sociales en las economías y las dinámicas evolucionarias.

Los errores de Smith hay muchas, en especial en los márgenes borrosos de su conocimiento cultural, haciéndole por ejemplo algo 'parte culpable' en ese europeo-centrismo, que llevará a una construcción racista supremacista e anti-humanista, cuando vuelto un modo de pensamiento único, con recursos de empoderamiento o abuso de poder ideológico, modales que no caracterizan a Smith. Pero por lo menos en el Reino Unido hubo otra cosa que que un 'führer' loco de remate en su aventurismo apocaliptico.

Smith quizás fue ingenuo, asi lo evidencia la Historia pero no fue para tanta mala opción de su parte al observar como grupos, cortes, sociedades 'socio-técnicas' que se mantenían haciendo poco caso de la vida de los humildes o servidores. Bien así de intentar avanzar liberando a todos en sus empresas productivas, a manera que sean más enfocados a sus intereses, con medios y competiendo por lo bueno que en formas 'otras' de producción.

Claro errores también hay las hechas por los supuestos oponentes de Smith, en prejuicio de efectos de transformaciones socio-tecnológicas o porque creyendo en las magias de las anticipaciones. Argumentos contrapuestos, pero igual con perspectiva idealista. Uno entiende debe entender donde meter las  prioridades de cualquier proyecto ideal o las esperanzas. Solo de acarearlos de manera más equilibrada. Esperanzas en minorías sociales de 'pensamiento radical' o no; ideologías de poder hegemónico: 'nomotéticos'.

A quienes podrían reprochar a Smith de no haber inventado la economía antropológica, como parecía a mismo de poder hacerlo hubieran sido, de observar que hubiera necesitado de ser menos implicado en su sociedad. Los corrientes culturalistas de su época hablaban de progreso pero para obtenerlo  con trabajo forzado y con ellos Smith discrepo.

También de mencionar que en el siglo XIX, los estudios geo-culturales en general europeos o en especial alemanes fueron empleados para justificar colonialismo, la superioridad civilizadora, el derecho a un espacio vital y el racismo. Posicion extrema que no cambia que hubo otras luces humanistas como la de von Humbold.

Fue Smith ciudadano con tolerancia, respeto al derecho de opinión contraria y para conseguir un 'consenso moral de su sociedad'. Un conocedor de la obra de Darwin (El Origen de las Especies) puede ver que aplico el método de Smith con la misma minuciosidad: calidad y rigor en la construcción del argumento científico, en su registro de biólogo de las especies. Semejante fue su evaluación de la superioridad de la civilización occidental inglesa. De semejante manera hubo extravíos en su sociedad victoriana, transponiendo en el registro social y sirviéndose del el para alimentar un (seudo) darwinismo social o eugenismo que Darwin ni propuso ni sobre el cual nunca escribió.

Esto también paso a alimentar la barbaridad supremacista que conducirá al eugenismo que apareció también en democracias y en otros contextos políticos fueron retomadas por el nazismo y el fascismo. No es de ignorar a donde llevaron estas construcciones supremacistas occidentales; construcción de un imperialismo supuestamente 'liberal civilizador' (para los ingleses) 'republicano revolucionario civilizador (para los franceses) que, con no tener sea el contrapeso de una democracia parlamentaria inglesa, sus intereses fuertes pero competidores en la sociedad moralista victoriana; o la 'vida ligera' de la 'Belle Epoque' francesa, (la cual hizo coincidir su periodo de extraordinaria y proliferante invenciones tecnológicas) mientras que Paris la ciudad de las luces atraía el ocio y los candidatos a a lujuria de todas las partes del mundo: mariposas 'machos' con rentas extraviados de sus naciones para lucirse en las 'maisons closes' de la 'vida bella'.

Dejaron las dos principales potencias capitalistas imperialistas a otros capitalismos industriales a gran escala, profundizar lo peor en el marco ideológico nacional, con sus teorías extremistas de las relaciones sociales, cuando no los provocaron.

Los capitalismos que mantuvieron algunas reglas de juego democrático en lo interno no dejaron de entrar en el juego del colonialismo, o posteriormente extendieron su neocolonialismo en sus áreas de influencia o en 'sus' ex-colonias para estrangular los inicios de cambios revolucionarios de sociedades atrasadas. Fue frecuente que estos capitalismos neocoloniales despreciaron hasta las premisas democráticas de las periferias; en consi-deración de sus proyectos neocoloniales. Facilitaron a su vez inconcientemente las reacciones ideológicas y buscaron consolidar sistemas: eschizofrenoïdes, corrupto-compulsivos o paranoïco-histriónicos en contra de las naciones para mantener sus intereses colonial o neocolonial.

Sobre esto no se puede 'condenar' Adam Smith, con respecto a que no tendría la claridad del humanismo erudito anecdótico de un Montaigne para anticipar la barbaridad de las teorizaciones de las civilizaciones europeas, acerca de los pueblos que ellas mismo llamaron barbaros. Bien parece ser, que Smith no aprobó el recurso de la esclavitud y más aun desaprobó su lógica, pero marginalmente.

Parece también que Smith no vio la 'destrucción creativa' según el término de Schumpeter con respecto al capitalismo. Marx (antes de Schumpeter) más con las crisis recurrentes del capitalismo hasta la última. Capitalismo industrial primitivo que se podría eventualmente no del todo metafóricamente acusar de: canibalismo antropo-socio-tecnológico[liii]. Pero falta evaluar hasta qué punto la Revolución industrial de Escocia se canibalizo para poder alcanzar su lugar en el sistema mundo británico o sea como se aprovechó de los alcances del periodo proto-industrial de Smith.

*["La Compaña de Escocia" fue fundada en 1695 en miras al comercio de los esclavos; pudiendo legalizar su negocio que solo llego cuando la fusión de los Parlamentos inglés y escoces*

*en 1707. Eran, a su vez, consejos de ciudad que se metían en 'esas empresas'].*

Bien los lectores hubieran querido una correspondencia, que algún manuscritos autobiográficos de Smith salgan para aclarar o testiguar de sus preocupaciones morales de manera directa y transparente. Asuntos morales que Smith dejo pendientes ariesgandose a que sus lectores hagan reducciones e simplificaciones. Implícitos apenas evocados, pero lógicos con el personaje y alguna especie de estrategia de dejar el lector en el claroscuro para que se sienta libre de reaccionar y completar.

Mientras uno es bien llevado a pensar que el legado integro reside en sus dos obras maestras de la Riqueza de las Naciones y Teoría de los Sentimientos Morales.

A los que lo odian porque pudieron ver lo que ocurrió con la historia, en los mundos del liberalismo individualista y pueden ver los sistemas económicos (neo)liberales que se hicieron con los medios de la coacción, de las armas y las armadas desarrolladas, supuestamente para defender. Todos los recursos que empleo el imperialismo así como de las cegueras de seguidores civilizadores.

Justificando los propietarios de las opiniones mediáticas o ed las potestades de los Estados, tanto *ex post* como *ex ante* para intervenir, conservar sus acumulaciones mercantilistas de riquezas y consumos a su vez que siguen siendo algo odiosos.

Tampoco es posible negar todo lo que, de algún modo el desarrollo permitió: muchas buenas cosas en términos de democracia, paz, alternativas más pacíficas, salud, valores humanas, logros tecnológicos. Claro fue frecuente que ciertos contratos honestos entre naciones tardaron mucho para manifestar que tienen que ser humanamente sostenibles.

La riqueza bien es, para Smith como para Marx y muchos otros en el trabajo, del máximo de gente y muchas oportunidades desgastaron los países con recursos sociales primarios y con rentas, explotando o dejando explotar los unos confundiendo los stocks de materias primass esenciales con riqueza así de sencillo. De leer bien, mejor y por completo a Smith hubieran buscado las buenas maneras de emprender en sus 'aceleraciones'.

Gran parte de las culpas la tiene los que promovieron un ordenamiento post-colonial que facilitaba sus negociaciones, no las de las naciones sentadas, sino que para desconectarlas de lass precauciones. Separando cada vez como posible, con fronteras, áreas de influencia reservada, etc. poblaciones de las fuentes de recursos. Y mandando negociantes que mucho tardaron en entender que invertir en las producciones de riqueza-trabajo o bienestar desde las producciones incluyentes de todos los cuales podían mejorar los cursos de la nueva historia.

U otras que disponiendo de comunidad transcultural como las Américas Latinas, sus independencias no me parecen haber siempre bien empleado su ventaja relativa obvia en forma gratuita pero social para cooperar, no en un positivo moral para todos, aunque a veces positivos entre ellos en contra de los demás.

Otras comunidades transculturales como las del Islam enriquecida por todas las culturales locales fueron irrespetando sus mismos mandamientos culturales y crearon más problemas con sus tramados fronterizos si bien los cuales se los impuso fueron muy poco coherentes pero entraron en los juegos que les deservian.

Observando las herencias histórico-culturales que tenía Adam Smith es ya bien extraordinario que él pudo recomendar la libertad de empresa de todos los humanos en sus producciones, aunque no fuese suficiente, es frecuente que hay que darse un marco igual entre todos y de respectar implícitos conjuntos, sin que se necesario de fijarlos definitivamente y determinadamente un algo preciso que depues todos buscan irrespetar.

Por eso de preguntar a los lectores de tornar sus perspectivas hacia la historia política y geográfica-social que podía haber en la parte de Escocia de Smith cuando el siglo de las luces. Considerando las guerras de los tiempos recientes de Smith, las clases emergentes de gente de 'burghs' y sus relaciones con las 'del campo' (cuales se hubieran podido mejor respetar, como Smith podía contemplarlo); micro-empresarios bien inmersos en su entorno social a mismo de provocar una división genuina del trabajo que Adam Smith esperaba basar en la confianza entre los hombres.

No esa forma etérea de un mercado ideal donde la confianza de los que especulan no esta en la sociedad social sino que en ellos mismos y par de acuerdos para sesgar las economías reales a manera que sigua soportando sus 'regulaciones histéricas'. Claro haciendo una diferencia entre lo que corresponde a mecanismos estadísticos 'democráticos' de contabilizar valores poco comensurable de la jerga determinista impropia que se emplea para ciertos argumentos.

Un(a) ingeniero(a) en su ingeniería no tiene para que ser odiado por sus obreros y no tiene para que hacerse la rueda de transmisión de la alienación del propietario rentista.

Los rentistas más dedicados a extraer el máximo de sus rentas especulativas pasivas, 'construyendo' sus portafolios de inversiones en vez de trabajar las 'sinergias naturales', las consolidaciones tecnológicas y las buenas orientaciones sociales. Bien suficientes sueldos honrados podrían tener sin más necesidad de ordenar las jerarquías sociales a manera de poder extraer siempre y óptimamente más, con unos mecanismos compulsivos de derivación.

Así también de no pretender en ningún liderazgo absoluto cuando sin el talento del ingeniero, ni la comprensión operativa del trabajador humano al puesto de trabajo. Esto más conduce a entretener una paranoia social basada en la falta de confianza y los falsos derechos de dominación para los beneficios de sus 'propias clases sociales'.

Cualquier uno conoce la importancia del recurso financiero, insumo crítico, solución para que comprometer las máquinas en su funcionamiento y otorgar los procesos de trabajo.

¿Porque sería necesario seguir incrementando la coacción o empoderando las normativas más allá de lo razonable? - por encima del respecto natural que obtiene sin dificultad la autoridad competente apropiadamente especificada a las situaciones de trabajo

¿Cómo 'liberar' las fuerzas individuales positivas en la construccion social? - para que presten más atención, no a las variaciones y demás mecanismos de micro-regulación sino cuidando que el entorno converja hacia lo justo y equitativo ¿Fue el intento o la apuesta de Adam Smith?

A los que emplearon frases aisladas de él, como justificación de su violencia y/o derecho de ejercer su individualismo en contra de los colectivos; para ¿sentirse libres de sesgar las reglas de juegos hacia lo inequitativo?; ¿para desconectar el sistema público de su entorno social? deben revisar si - el profesor de moral de Edimburgo llegado al reconocimiento y los honores o cargos por la gracia del periodo, de los familiares, de profesores ilustres pero contestado, en una sociedad urbana y urbano-rural emprendedora; a pesar de ciertas vicisitudes de vida - pudo producir un sistema feroz de luchas de intereses.

Smith, con un trabajo muy técnico, de reclamar sin histrionismo una justicia igual para todos, una suficiencia de recursos de trabajo para todos, una ayuda a los más pobres para que puedan ser bien educados. Observando que las desigualdades más proceden del condicionamiento por el entorno social-técnico y las suertes de la vida, quizás fue tratando de buscar estrategias no antagónicas para evitar los peores recursos tradicionales de los métodos de los poderosos, como existían en su tiempo, a expensa de las vidas de los más humildes.

Adam Smith produjo su primera obra mayor: La Teoría de la Sentimientos Morales para su cargo de profesor y pudo comentar que fue el periodo más creativo de su vida. En este puso muchas premisas y las desarrollo en forma concentrada, mas específica y técnica en la segunda: la Riqueza de la Naciones. Habiendo producido, en su condición propia los efectos esperados de su sistema, reconocimiento y mérito sin desgracia, volvió a la primera obra para afianzarla como entorno esencial de la primera[liv].

Con pocas dudas el proyecto humanista mismo de Adam Smith fracaso. Prueba más las aportan los reportes higienistas del trabajo de los niños y de las mujeres o de las condiciones de los obreros a mediados de la primera mitad del siglo XIX (la de Engels sobre los obreros ingleses en 1849; pero hubo antecedentes).

Marx poco medio siglo después, de las convulsiones tempranas del sistema canibalístico industrial individualista. Aparte de los muertos y las vidas desaprovechadas, el proyecto imperial británico necesitaba de naciones beneficiosas algo cercanas. Empleo los escoceses para esto pero fue Escocia la que tuvo que ganarse mayor nivel de integración que una dependencia floja le podía prometer.

Smith y Marx ambos genios de erudición, puntillismo y de precauciones en el análisis. Ambos de pequeña burguesía pero uno escoces en Escocia, cuidadoso de no atraer la ira de una Inglaterra soberana; mientras las dinámicas sociales parecían, en sus tiempos, ir hacia más prosperidad (incluso moral). Tenía el una ingeniosa proto-revolución industrial emprendedora que emergía.

A un siglo de intervalo, con una expansión liberal imperialista y monopolis-política, desplegando su potencia con promesas civilizadoras supremacistas y racistas en todo el mundo; sin distribuir la prosperidad esperada por Smith y para el cual el mejor mercado era de los pequeños en el interface rural-urbano cercano.

En cuanto al emigrado alemán refugiado de sistema académico en transformaciones, pero el mismo vigilado por las policías reaccionarias. Tenía que intentar proponer nuevas ideas utópicas, como Smith, en una Inglaterra algo libre pero despreciando sus condiciones, esfuerzos y genio analítico.

[*Los Sentimientos Morales como fueron bajo el Capitalismo Industrial primitivo:*
* *un estudioso moral ajeno comentó que , a mitad del siglo XIX, las sociedades de beneficencia de Escocia tenían la más baja proporción de generosidad con respecto a la 'riqueza poseída', aunque sin certeza esto manifiesto en un minimo como se veia el capitalismo escoces;*

- *cuando se pasó a la escala superior, este capitalismo industrial escoces fue calificado como 'muy duro' bien al contrario del efecto estabilizador del pacifismo desarrollista de Smith;*
- *los cambios de los paisajes agrarios y la concentración funcional de tierras, tuvieron por efecto la exclusión y la erradicación de una cultura escoces, la gaélica de los Highlands, aunque con 'renacimiento literario y folclórico en las obras de Walter Scott (¿siguiendo al poeta Robert Fergusson? Contemporáneo de Smith y enterrado en el mismo cementerio);*
- *la flexibilidad pragmática de Adam Smith, sobre los consumos esenciales, reemplazos por substitutos tanto como posible, pero no: derecho de eliminación, incluso física de los 'indigentes' o 'enfermos' aun con formas sociales;*
- *la medicina siguió con su ineficiencia para la mayoría de la gente pobre; las discrepancias con los ricos consistiendo más al mal-higiene de las condiciones de vida (de esperar Fleming (otro escoces y los antibióticos, adelante en el siglo XX para que se mejoren los medios de tratamientos) pero;*
- *el verdadero higienismo social que hubiera podido aparecer muy antes, más lo hace a mitad del siglo XIX y no tanto en Escocia (cuando se empezó a reportar sobre eso en las grandes ciudades capitalistas: Londres, Lausana o organizando los soccoros a los heridos de los campos de batalla);*
- *el reconocimiento de las personas exitosas en negocios no procedieron según todas las direcciones sociales: verticales, trans-versales y horizontales como parece haberlo esperado Smith,*
- *sino que más horizontales y discriminantes, por las clases en una sociedad donde la escala vertical magnifico las construcciones clasistas; o sea no en la proximidad de dialogo humano que Adam Smith veía para evitar los conflictos;*

- *los ingenieros que no eran tan ingeniosos se pusieron en la administración de la producción; la organización científica de la división planificada del trabajo vino bien más tarde con Taylor (a inicio del siglo XX) pero para encadenar más a los operadores y desconfiando en ellos obreros o campesinos;*
- *las familias se vieron enredadas en la austeridad rígida de una sociedad productiva jerarquizada para aumentar las discrepancias y justificarlas;*
- *convirtio en una broma la ascensión social que imagino Smith con la promoción de la educación de los niños de la gente pobre;*
- *Escocia e Inglaterra siguieron para mucho tiempo los primeros lugares de destino del algodón de los estados sureños esclavistas de Norteamérica. Colaborando discretamente con estos los puertos del Reino Unido cuando la Guerra del Secesión de los Estados Unidos,*
- *a un siglo de la publicación de la Teoría de los Sentimientos Morales un poco más del 70% de las familias de Escocia vivía en no más de 2 cuartos, poco saludables,*
- *las grandes propiedades altamente concentradas de Escocia se convirtieron a la gran caza y al divertimiento de grandes propietarios; no al tipo de producción sugerido por Smith].*

No exactamente la satisfacción de las producciones esenciales para todos los miembros de la Nación; gracias a las libres empresas individualistas de los hombres liberados de las extravagancias del poder central y de los monopolios de todos tipos. Individualistas morales muy poco inclinados a regresar al repartimiento original del arquitecto supremo perfectamente equitativo aun fuese con las 'cosquillas' de la mano invisible convergente.

Las lecciones y lecturas empíricas y pragmáticas encontraron sus abogados filósofos de servicio, los cuales siguieron recortando los mensajes, como para retener lo más 'sencillo y suficiente para creer':

- criminalización de los vagos (expulsados) y de los pobres;
- maltusianismo, para el cual la culpa la tenía la reproducción exponencial de los pobres, frente a una producción agrícola linear (omitiendo los cambios agrarios, donde ya no era los labradores que podían decir algo y procurando los brazos que sirvieron mucho para rebajar los sueldos o en las fuerzas armadas;
- utilitarismo hedónico, para los que pueden, según sus gustos, cuáles que sean (Bentham);
- utilitarismo matizado de 'mejor con moral social' (Mills),
- evolución científica (Darwin), la selección natural un potpurrí de mecanismos esquivando lo clerical; pero limitado a una lucha para lo eliminación de los perezosos y débiles (darwinismo social, eugenismo, que empieza lastimosamente con el pariente de Darwin (que merecía mejor heredero intelectual);
- supremacismo colonial, imperial, civilizador y racista.

Los autores geniales son casi sistemáticamente traicionados por truncamientos, para emplear en paradigmas conquistadores y servir de justificación a su vez muy ingenuas. La moral tiene su parte dialéctica: firmar su benevolencia o necesidad absoluta aun cuando de manera ridícula. Si uno lee bien a estos pensadores se entera que fueron casi 'descerebrados'[IV]. Así de Adam Smith, probablemente también de John Stuart Mills quien tenía un utilitarismo moral y afán de equidad de género y Charles Darwin que hablo de la selección de las especies como un resumen de mecanismos diversos y heterogéneos, no con un solo y excluyente mecanismo. Su objetivo bien explícito y bien científico apartar cualquier sesgo clerical de la teoría de la evolución biológica. Para Carlos Marx en Londres paso otra cosa: fue la libertad de pensar al lado de toda la indiferencia de un entorno académico incapaz de incluir este pensador reconocido de otra manera.

Las sociedades y sus sistemas de auto-justificación moral o sus poderes asumidos, pasan su tiempo en traicionar el pensamiento de sus autores los más buenos; mientras estos se desgastan la vidad en pretender que su utopía es científicamente demostrable.

Mayor impacto tienen los sistemas propietarios de los medio socio-tecnicos, cuando por cualquiera especie de contrastes o traiciones, pueden parecer poder reclamarse de alguna obra seminal.

Lo extraordinario o la suerte o el genio o la 'clara'-anticipación de Smith es de poder seguir representando algo apropiado al respecto de sus ambiciones tanto como a mismo de inspirar revisiones.

Me parece que ciertas de sus formulaciones tienen buena materia para revisar, renovar ciertas lecturas, por el lado humanista tanto como por el lado formal. Nos interesan en especial los procedimientos de modelización sociales donde Smith tuvo el genio de avanzar premisas, efectivamente consciente del problema metodológico formal. Todavía quedan asuntos esenciales pendientes, todavía no resueltos en nuestras prácticas socio-epistemológicas o heurísticas sociales. La felicidad de la 'inauguración' de Adam Smith tiene también mucho que ver con su sabiduría en el tratamiento de las evidencias empíricas.

Creer en el ser humano individual y civilizado como fuente de estabilización y buenas maneras sociales sigue siendo utopía necesaria, en tanto que no sea única. Smith debe haber pensado eso porque el manejo sin respecto de los humanos, por los "monopolios" adinerados y apoderados del interés público era y sigue siendo todavía devastador para los individuos. De dedicarse a lo suyo puede ayudar a preservar, cuando sin alienar, la libertad de los demás.

Edimburgo. Enero de 2015

# Anexo: Citaciones Inglesas Originales

(1)   "Whatever police tends to raise the market price above the natural, tends to diminish public opulence. Dearness and scarcity are in effect the same thing" (The Wealth of Nations 1776)

(2)   "The rich are led by an invisible hand to make nearly the same distribution of the necessaries of life, which would have been made, had the Earth been divided equal portions among all its inhabitants ... the distinction of ranks, the peace and order of society would rest more securely upon the plain and palpable difference of birth and fortune, than upon the invisible hand of uncertain difference of wisdom and virtue" (1759 Theory of Moral Sentiments).

(3)   "are you in earnest resolved never to barter your liberty for the lordly servitude of a court, but to live free, fearless and independent? ... never come within the circle of ambition..." (The Theory of Moral Sentiments 1759)

(4)   The great statesman: "when he cannot establish the right, he will not disdain to eliminate the wrong ..., when he cannot establish the best system of laws, he will endeavour to establish the best that the people can bear." (The Theory of Moral Sentiments 1759).

(5)   "... to deserve, to acquire and to enjoy the respect and admiration of mankind are the great objects of ambition and emulation. Two different characters are presented to our emulation; the one of proud ambition and ostentatious avidity; the other of humble modesty and equitable justice" (The Theory of Moral sentiments. 1759)

(6)   "it is not from benevolence,..., but from self-love that men expect anything" (The Wealth of Nations 1776) ... "solitude more dreadful than society" (1759 Theory of Moral Sentiments).

...."Every faculty in one man is the measure by which he judges of the faculty in another ... I neither have, nor can have, any other way judging about them." (The Wealth of Nations 1776).

(7)  "the difference between mere dissimilar characters, ..., seems to arise not so much from nature or from habit, custom and education" [but from life's trajectory ... evolutionarily and the ways of division of labor] ... "among men, on the contrary, ..., the most dissimilar are of use to one another; the different produces of their respective talents, by the general disposition to truck, barter and exchange, being brought as it were in a common stock, where every man may purchase whatever part of the produce of other men's talent he has occasion for... " (The Wealth of Nations 1776)

(8)  "before we can make any comparisons of those opposite interests we must change our position. We must view them neither from our place nor yet from his... but from the place and the eyes of a third person, who have no particular connection with either, and who judges with impartiality between us." (The Theory of Moral Sentiments1759).

(9)  "Wise a judicious conduct, when directed to greater and nobler purposes than the care of ... the fortune, the rank and the reputation of the individual ..." (The Theory of Moral Sentiments 1759).

(10) "Wealth as Mr. Hobbes says is power" ..."a man must always live by his work and his wages must, at least be sufficient to maintain him" (The Wealth of Nations 1776).

(11) "the difference between the genius of ... Constitution which protect and govern ..., and that of the mercantile company which oppresses and domineers, ... cannot perhaps be better illustrated than the different state of those" (The Wealth of Nations 1776).

(12) "there can be no proper motive for hurting our neighbor, they can be no incitement to do evil to another which mankind will go along with, except jus indignation". (The Theory of Moral Sentiments1759).

(13) "if the baseness of the thought which had given birth to no action, seemed in the eyes of the world as much to call aloud for vengeance as the baseness of the action, every court of judicature would become a real inquisition. There would be no safety for the most innocent and circumspect conduct." (1759 Theory of Moral Sentiments).

(14) "what reward a most proper for promoting the practice of truth, justice and humanity? The confidence, the esteem, and the love of those we live with, Humanity does not desire to be great, but to be beloved. It is not in being rich that truth and justice would rejoice, but in being trusted and believed." (Theory of Moral Sentiments 1759).

(15) "the man whose public spirit is prompted altogether by humanity and benevolence, will respect the establishment powers and privileges even of individuals, and still more those of the great orders and societies". Theory of Moral Sentiments 1759).

(16) "The division of labour is limited by the extent of the market" ..."" a man must always live by his work and his wages must at least be sufficient to maintain him." (The Wealth of Nations 1776)

(17) "those on the contrary, for which the demand arises chiefly from use or necessity, are less liable to change " ... "parsimony and not industry is the immediate cause of the increase of capital" (The Wealth of Nations 1776)

(18) "a small proprietary, however who knows every part of his little territory, who views if with all the affection ... especially small property naturally inspires, and who upon that account takes pleasure not only cultivating but adorning it, is generally of all improvers the most industrious, the most intelligent and the most successful". (The Wealth of Nations 1776)

(19) "the rent of land, it may be thought is frequently no more than a reasonable profit or interest for the stock laid out by the land lord upon its improvement" (The Wealth of Nations 1776)

*Adam Smith a Ojos de Nuevos Mundos*

(20)  "It is not by augmenting the capital of the country but by rendering a greater part of that active and productive than would otherwise be so, that the most judicious operations of banking can increase the industry of the country". (The Wealth of Nations 1776)

(21)  "the monopoly reduces wage in the mother country raises profit and thereby tends to lower rents and the price of land"... "all the original sources of revenues, the wages of labor, the rent of land and the profit of stocks, the monopoly renders much less abundant than ... would be" (The Wealth of Nations 1776)

(22)  "but the owners of the great mercantile capitals are necessarily the leaders and the conductors of the whole of every nation, and their example has a much greater influence upon the manners of the whole industrious part of it than any other order of men". (The Wealth of Nations 1776)

(23)  "On democratic representation when to vote on taxes" ... "but nothing seems more likely to establish this sort of equality of force than that mutual communication of knowledge and of all sorts of improvements which an extensive commerce from all countries to all countries naturally" (The Wealth of Nations 1776)

(24)  "consumption is the sole end and purpose of all production; and the interest of the producer ought to be attended to". (The Wealth of Nations 1776)

(25)  "The education of the common people requires attention for the State more than that of the people of rank and fortune". (The Wealth of Nations 1776)

(26)  "it is the duty of the government to prevent the growth of cowardice gross ignorance and stupidity" (The Wealth of Nations 1776).

(27)  "we rarely hear, of the combinations of the masters; though frequently of those of workmen. But however imagines, upon this account, that master rarely combines, is as ignorant of the world as of the subjects. Masters are always and

everywhere in a sort of tacit, but constant and uniform combination not to rise the wages of labour above is natural rate"...

(28) "Where-ever there is a great property, there is a great inequality, For one very rich man, there must be at last five hundred poors, and the affluence of the few supposes the indigence of many"... "Civil government, so far as it is institutional for the security of property, is in reality instituted for the defence of the rich against the poor, or of those who have some property against those who have none at all. (The Wealth of Nations 1776).

(29) "No society can surely be flourishing and happy of which the far greater part of the members are poor and miserable". (The Wealth of Nations 1776).

(30) "What is prudence in the conduct of every private family, can scarce be folly in that of a great kingdom. (The Wealth of Nations 1776)"

---

## Comentarios Meta-metodológicos

(Olivier Godichet)

[i] Introdujo aquí, en algunas decenas de notas de fin de ensayo para no discontinuar la continuidad de la lectura, comentarios metodológicos más al día de las ciencias de la complejidad. Presentan la dificultad de necesitar algún **cambio de paradigma**, en especial en cuanto a la ilusión determinista del pensamiento único.

[ii] Pueden exploran el sentido del término en la web e imaginan, que los 'lectores nuevos y modernos' deben siempre considerar este recurso a la par; aunque su lectura sea en 'de papel'. Además, eso debe tener efectos nuevos tal con unas maneras simplificadas de hacer referencias. Es mucho más fácil averiguar gracias a cualquier motor de exploración de la web lo que es libre, que hay que cuidar como referencia. Fuera del histrionismo desgastador sobre los derechos de propiedad intelectual. Implica más responsabilidad individual así de mencionar que algo no es suyo, se utiliza; pero: ¡basta de pretender! inventar y ser el propietario de cualquier escrito: **imitar, retomar, reproducir es natural.** Lo que siempre es nuevo es la **aplicación práctica en cualquier contexto real**: no sobrecargándose de referencias, las cosas quizás serán mejor hechas...

*Adam Smith a Ojos de Nuevos Mundos*

ⁱⁱⁱ Ya tenemos una primera observación sobre el **efecto aplastante de la memoria histórica de los humanos**. Aplasto que incluye los sesgos. Seamos serio, en la mayoría de los asuntos humanos, lo que importa (**economía positiva legitima y 'por adelante'**) es que lo que hacemos copiando, mejorando, 'innovando', imitando salga bien o mejor. No de pretender por, alguna falsa vanidad, tener lo: que resuelve todo o; referirnos a una verdad eterna e inmanente. Lo que es legítimo es: resolver sus asuntos propios y sociales de cada uno, afectando al mínimo nuestro entorno. No de pretender saber y hacer lo de los demás para tomar más importancia en eso que ellos mismos. Ayudar si hay algo útil que es posible pero no con una jerarquía sesgada hacia sí mismo, desordenando la recomendada por la legitimidad democrática.

Vemos con Adam Smith: al conocer algo aunque poco de la personalidad del autor y su trayectoria es muy difícil de pensar que el objetivo del profesor de moral, en un entorno como tenia el Siglo de las Luces Escoces y cuando el llego por méritos propios con pocas manifestaciones de cálculos de ambicioso o manifestación de vanidad de catedrático prepotente para buscar ocupar la primera plana; ¿él hubiera podido producir una obra? con afán anti-moral. Diplomático, respetuoso de los poderosos, lo debió ser por subsistencia.

Hay errores de lectura, de sistema o interpretaciones que son sistémicas en las 'artes' no experimentales y no formales, y son muy comunes. **No podemos aislar sus teorías del contexto** ni pensar que cualquier humano puede producir una obra con tal verdad que se puede, excluirla de otro contexto propio, de que el mismo no hubiera podido cambiar sus ideas fundamentales y arte de su 'ciencia social', viendo los efectos que produjeron las ideologías, viviendo en otros contextos. Solo podemos inferir un poco de la solidez de su pensamiento cuando las diferencias o evoluciones siguen inciertas, dudosas parecen poder seguir interpretables de la misma manera... **diacronismo crítico**.

Hubo tiempos durante cuales, con recursos limitados de tratamiento de información, la historia de pocos historiadores, servia un proyecto oficial o positivo de gloria excluyente, institucional, personal y cultural; mientras que hoy en día, desde medio siglo, más se emplean las relecturas históricas, para servir la comprensión de los matices y las normas de comprehensión moral... actuales (lo que bien podría ser dogmático si faltan los datos, los modelos y el mapeo de todos los puntos cualitativos potencialmente críticos. Porque hoy en día los medios computados de elaboración de obras son enormes hasta a escala individual y hay inflación de obras potencialmente excelentes y producen más ruido (de cajas blancas) que hacen más y mejor 'trabajo social' de parte de los con **los cuales tomarían sentido**, que se ignoran, en vez de esperar tanta producción literaria supuestamente científica.

[iv] Noten esa "**bucle extraña**", en el sentido del título de una obra de D. Hofstader (vulgarizador popular de epistemología lógica). Raras veces los lectores de humanidades tienen ejemplo tan explícito de estos procedimientos consistentes y necesarios de nuestras acciones: Adam Smith con sus 2 obras, elabora la primera, produce la segunda, regresa a la primera para consolidar el legado, buscando con esa revisión muy probable ser más 'integro'.

Cual que sea el sentido de la consolidación de la primera obra; las dos forman un legado integro como en una especie de **servo-mecanismo**. El calificativo 'extraño' proviene de esto concepto de '**atractor extraño**' de las matemáticas no lineares; pareciendo poder calificar el procesamiento mental iterativo *ad infinitum* del pensador Adam Smith con sus ideas, conceptos y proyecto de sus ideas; que quería dejar a la posteridad. Un atractor extraño es para cualquier unidad compleja que lo logra, una integración completa o integración en un ambiente un modelo de función operativa como una operación que logra replicarse tras las escalas.

[v] Otra práctica indispensable del pensador moderno de las complejidades humanas es entender que, **en un texto para comunicar, no debe solo considerar el positivismo-positivo o el negativismo-negativo**. Esto no va bien con las complejidades de la realidad: se agota rápidamente en un extremo insostenible. No permite un **equilibrio reflexivo** (pudiendo cambiar de signo cuando útil). Aunque se quiera hablar sobre esas complejidades (aplastando las asperidades o discrepancias).

De la misma manera que el buen procedimiento en teoría de las probabilidades no es querer su evento (único) excluyente de los demás sino que, **antes de enfocar, de tener su panorama de las opciones más completo**. Esto permite escoger y mejor entender sus decisiones y alternativas.

Por ejemplo 'el negativo en el positivismo' es manera de criterio moral (no hago esto porque aquí tengo criterio moral) o; el 'negativismo en lo positivo' (como una precaución complementaria); son sistemáticamente esas figuras o patrones (patterns) que tomar en consideración; previo la armonización de sistema operativo en el campo de las acciones; sean esas estratégicas, políticas o sociales **¿Proceder cuántico?**

[vi] Demasiado tenemos en los 'labores políticos' este **sesgo mental impuesto y positivista del occidental** tal cual como para aconsejar al dictador, con pensamiento único; mientras el exige que cualquier uno se inscriba, hasta en una revisión inmaterial histórica; en uno solo campo de adscripción ideológico. Como si; debiendo pasar una camisa de fuerza, para que las operaciones mentales obedezcan a su orden pre-establecida; orden adscrita a una familia

de poder: liberal, marxista, socialista: obedecer al perfil de su familia, menoscabando los datos, torciendo los hechos. No es del todo mal, es natural; pero el resultado social debe de ser globalmente bueno.

vii De hecho, quizás como Heilbronner, creo que hay una continuidad y semejanzas en la forma de hacer de los dos autores (Smith y Marx), viendo como procedan, conociendo algo de sus coyunturas históricas y personales. Uno puede ser llevado en pensar que lo que diferencia Smith de Marx es más en el avance de un siglo, en los cambios históricos, los cambios sociales objetivos y las precauciones de los discursos o nuevas doctrinas; influidos ellos dos por sus condiciones respectivas. El que siguió ha leído el primero y debía de revisarlo bien obligado de contradecirlo porque el sistema que siguió el primero y se reclamó de él, no se portó del todo como el primero espero y, con un nuevo sistema, el siguiente de intentar de corregir el primero...con discípulos que hicieron a su vez peor... por **haber faltado en integrar ambos**.

viii Claro en algún modo: intentar de **manejar lo absurdo es parte del espectáculo del movimiento del mundo** pero; la actualidad de la globalización nos obliga decir que hay un problema en la sensatez de muchas de las administraciones 'razonables, positivas y democráticas' del inicio del siglo XXI: en sus reclamaciones al nombre de la razón y su mal uso de los recursos de la información y la comunicación ¿incluyendo en esas administraciones los medios de comunicación e información? – prácticamente comunican sin entender bien (¿) **que es la información** (?).

ix Desde cualquier 'alto' (para analizar) es siempre **bifurcación difícil**. Uno (el autor) quiere que su artículo, obra o propuesta influye (sesga) en algo; mientras muchos, los contendientes, más o menos espontáneos, quieren seguir en la continuidad, hasta las bifurcaciones o bifurcaciones que les corresponde: falta de ganas de hacer consenso tolerante, falta de entendimiento de lo crítico, falta de acuerdos positivos y, metodológicamente, **puntos de inflexión**.

x Siempre de tomar en cuenta la **pertinencia con el periodo**; para decir en conciencia y/o de manera responsable. Por ejemplo de algún autor conocido en economía (von Hayek), cuando en las premisas de la Segunda Guerra Mundial, apareció como el que fue promoviendo la libre empresa 'nacionalmente desorganizada y no planificada' en la democracia que iba a representar tanto como 'primer hueso demasiado duro de tragar' por el régimen de los nazis y que necesitada evolver hacia la sola formulación económica de se reconoce como valida en cualquier caso de Marx: una planificación económica de guerra.

xi Claro: la claridad de este tipo de método, empaca sus conceptos en un sistema dialéctico donde pocos pueden lograr negar la coherencia: construcción tautológica. Quedando a **la realidad la difícil tarea de objetar**, pero la realidad ¿cuál culpa tiene? - cuando es el fundamento del modelo de ayudarla ... ¿no es Dios un modelo perfecto?

Sea que los seguidores o contradictores de Smith quieren, con frecuencia, fortalecer los unos o los otros cuando ocupaban el espacio público 'con sus cosas'. El lector mirando a la historia, tiene en Adam Smith, un honorable y gran pensador, pero sus recuperaciones y críticos fueron, poco respetuosos de las precauciones y sutilezas. Modo de sesgar que engendro muchos problemas en el dialogo social.

En caso de Smith, puede más provenir del '**trabajo del paradigma**': disimular abreviar y recortar para no afectar el 'proceso ejecutivo' así como al contrario: dilatar, demorar y hacer que las discusiones ideológicas se vuelven más útiles porque irrespetadas. Con tal que, como moral de la historia u objetivo practico necesitamos en política económica: 'mecanismos rápidos de enlaces democráticos' donde el '**dictador**' de **Arrow (teorema de 'posibilidad' no puede ser un individuo solo y único** (pero bien puede ser un respecto general compartido por todos.

[xii] Digo esto siendo por otra parte convencido de que el escrito moderno, en general de política económica o de gestión o de auto-ayuda, sufre ahora de hiperinflación de escritos racionales, buenos pero inconsistentes con respecto a las plasticidades complejas de las realidades humanas. Se sigue queriendo determinar a fuerza militar, en pocas capitales mundiales sino en conferencias mundiales o foros del planeta. Hay muchos aparatos de proyección que se dicen de mediación para '**metronomizar**' (meter el metrónomo) **a su antojo, relojes biológicos, ecológicos y sociales extraños a sus procesos de valoraciones geopolíticas.**

[xiii] Detenidamente, este 'doblamiento' (o **construcción mental dual compleja**) es un patrón fundamental del proceder cognitivo. Tal como un recién libro de D. Kahneman (psicólogo recipiente de la médala económica en honor a Nobel); un poco como le escribe B. Latour (un antropólogo de los científicos de las ciencias exactas). Si nos dedicaríamos a compartir con mejores operaciones podríamos avanzar, con menores pérdidas de tiempo.

Para el caso las obras de Smith tienen numerosas páginas pero no mucho más allá de 2 obras mayores. Heilbronner tiene integridad científica selecciona algo como una cuarta parte de la producción, descartando cosas menos generales o menos actuales. Yo, quien sigue, en esa selección tengo que ofrecer material para que sea útil al lector final respetando diversidad de enfoque y tomar lo más llamativo metodológicamente; sin que esa utilidad sea solo para la fama de Smith, o de Heilbronner, o de mí mismo pero para los que no tienen tiempo de volverse lectores acertados de Smith. A lo largo de esa cadenas de cuidar los entornos y los antecedentes para no pretender cerrar definitivamente cualquiera verdad. Solo de proponer hipótesis de trabajo. Formalmente esto se podría llamar un **árbol complejo de secuencias analíticas y decisiones**, algo aleatorio (probabilidades incompletas), algo bayesiano (condicionamiento respectando el libre arbitro); con flujos algo como de Markov (sin ambición de 'fijar rígidamente cadenas deterministas).

[xiv] En forma brutal, de observar que con frecuencia, las advertencias al respecto de los efectos adversos del sistema de Smith, desde los primeros tiempos o hasta hoy, se tomaron, por los 'grandes usuarios' (grandes capitalistas industriales, intelectuales suntuarios del primer mundo), en primer grado o sea por ejemplo de ciertas características poco humanistas casi como inconvenientes necesarios y por eso de promoverlos como prueba y buena manifestación de los cambios productivos necesarios. Así por ejemplo de libertad (como antagónica), de la desigualdad (como para exaltar) de la empresa (como un concepto ideal desencarnado). Cuando dio **razones Smith no pensaba que se buscaran agudizarlas o incrementarlas**.

Hoy en día con una globalización que vacila y unas transiciones climáticas más francas que se manifiestan, muchos se aferran en no tocar a sus 'queridos fundamentos excluyentes' y en defenderlos a picos y garras, cuando alguna escuela de política económica diferente pretende hacer uso de algo, fuera de su versión de 'pureza de pensamiento'.

[xv] De hecho **las capacidades cognitivas del cerebro son mucho mejor operativas, que las que se creen poder gestionar por las ciencias gerenciales**. Mejor operativa por ejemplo cuando uno se ocupa de lo que tiene que hacer. Un tener que hacer debe involucrarse a sí mismo como individuo y como al respecto de su sociedad y de la humanidad; sin encerrarse enun patrón determinista rechazando evidencias inmediatas.

Es de equilibrar sus potencialidades cognitivas y las ambiciones exogestionarias, sin pretender, por encima de la mente, meter la razón del que 'jamás' se puede equivocar. De igual manera que algún estudioso en una tarea de revisión histórica ,suda y sufre para extraer su(s) trocito(s) de verdad desde una 'situación desubicada'; mucho se pierde cambiando los contextos propios y sociales; asi por ejemplo, hoy en día, el efecto subestimado de la **desubicación generalizada operada por la globalización mediática**.

La comunicación mediática de los 'grandes medios informativos' desintegra las realidades informativas cuando pasa a un sistema compuesto de por fuera. Para darse cuenta de esto solo de examinar las diferencias de tratamiento de los mismos sucesos por medios de diferentes nacionalidades. Estos medios masivos 'informativos suelen, por lo tanto, tener recursos considerables de distorsiones mientras son **mucho más eficientes en lo desinformativo o en**

**lo destructivo**, gracias a los 'respaldos' geopolíticos que los manipulan o se aprovechan de las circunstancias.

xvi Los sistemas de referencias no se trabajan, lo suficiente. Tales como de situación en el tiempo y los espacios o/y más complicadamente: los ambientes y construcciones socio-técnicas humanas. **Las verdades que transcienden los sistemas de referencias son físicas**; y cuando uno pretende aplicar criterios de opciones humanos, aun sea para dispositivos técnicos (sistemas hombres-maquinas) se debería tener más en las mentes que las bases científicas (físicas a bio-ecologicas) estén sirviendo, las tramas sociales (de lo psicológico a lo moral); sean de especificación e inmersión legitima... **no de imponer sus manipulaciones occidentales de 'global village'**, tan buen intencionadas puedan ser, son hipocresías si tratadas de manera directa. Esto no significa que en materia de derechos humanos, por ejemplo nada se debe hacer, lo que es criticable son las maneras deterministas directas y truncadas.

xvii Los problemas son como estos:

- **¡Es increíble cómo los profesionales 'que no piensan'!** - muestran agilidad en la reproducción de sus automatismos o a veces saben muy bien emprender otros mecanismos automáticos por si falla el anterior (del 'plan A' al 'plan B' como dicen).... mientras pueden tener rigidez de pensamiento en las cosas delicadas;
- **¡Es increíble que 'los que pretenden pensar'!** - poco entienden que los que (supuestamente) 'no piensan' podrían ser superiores a ellos si sabrían esos que 'no piensan' mejor trabajar cuando pensando las precauciones (problema del diseño de las mitigaciones sociales);
- **¡Es increíble de ver!** - hasta qué punto de desarrollo sofisticado tecnológico extraordinario; han llegado las sociedades modernas clásicas de Smith, con esa especialización de división del trabajo mental... son tan contrarias al ser fundamental del cerebro humano y de las vidas humanas (y tan contrarias a Adam Smith mismo); por demasiado fuera de los problemas de las mayorías sociales mundiales (la mediocridad de la jerga globalista).

xviii Este **entrelace de lógicas** es un patrón fundamental que escapo a las definiciones operativas de Adam Smith y que sigue siendo problemático; por efecto de los mal-entendimientos entre especialistas profesionales o de las pugnas entre expertos ideológicos.

A manera de ejemplo vean como procedieron los promotores de la 'revolución neoliberal', en especial en países que tenían tan débiles construcciones estatales: un modelo simplificador, único, excluyente sin escala ni por medio.

xix Corresponde al lector saber si la oralidad de estos tiempos (del siglo XVIII) no era importante, en la escritura de los argumentos y pudiendo parecer diferente con respecto a la hoy se lee. De suponer como ha podido influir sobre la argumentación de la obra.

Claro, de imaginar que las obras mayores menos sufrieron del paso de los siglos cuando superiores en los dos registros: oral y escritural... ¿suficiente para **compensar la 'entropía de la complejidad'**?

De toda manera es importante concebir las características y propiedades cognitivas de los medios a disposición de los individuos y sus economías humanas; controlando la   vanidad cientista de los tiempos modernos en materias sociales. A su vez estos tiempos podían hacer mucho mejor en artes de retórica y ejercicios de convencimiento que hoy en día de www.

De hecho, si puedan creer el autor de este ensayo que paso mucho tiempo en explorar las bases metodológicas formales: **¡es increíble como los discursos expertos sobre los acontecimientos son pobres en fundamentos analíticos!** – ahora básicos desde décadas en materias de incertidumbres. Sabemos mucho mejor como complejas y dinámicas son las realidades, las comunicaciones 'informativas'   son   tremendamente  desprovistas   de precauciones al respecto.

xx potencial catastrófico: en el sentido matemático, es como el 'efecto mariposa' de la **teoría de las catástrofes** en sus apreciaciones negativas humanas [por los efectos adversos de tales dinámicas]. Especialmente cuando hace falta entender que intervienen en estructuras rígidas: es como fuerzas de cizallamiento cuando un terremoto: muy fácilmente derrumban los edificios estructurados. Así de los ajustes neoliberales en economías con construcciones tradicionales sin redes con potencialidades de reacciones positivas y sin resiliencia. Las 'reformas estructurales' hicieron desastres.

O también cuando metiendo en cualquier lugar a discreción individual y no para los demás, recursos de sesgo: produce políticos y líderes sin más recursos que cobrarse de sus esfuerzos por medios socialmente corruptos, así como para muchos emprendedores neoliberales, porque, ya no pueden hacer otra cosa.

La realidad compleja se caracteriza por **puntos de bifurcación** que no son cualquier unos. Pretender sesgar o determinar los otros tiene consecuencias paradójicas y sorprendentes. Se puede tener nodos de acción-reacción. El corte o recorte singular, con el sentido de singularidad de la teoría de las catástrofes... bucle.

xxi De hecho, pienso que la problemática fundamental de Adam Smith se encuentra en que los extremos pareciendo claros (pobreza, guerras, abusos de monopolios particulares, concentración de riquezas, poderes prepotentes, stocks sin trabajar, mercantilismo, etc.); mientras, '**al medio un tanto más complicado** o confuso': sus variaciones son más difíciles de interpretar.

Las actitudes propias y recomendaciones de políticas son más difíciles de hacer. Salió para Adam Smith que había que dejar que los individuos con sus intereses propios, laboren, descubren soluciones y por eso reciban apoyo y reconocimiento... en  vez de que, como lo mostraba su realidad, construir estructuras sociales intermedias así como grupos que manipulaban lo político-militar, descuidaban los entornos socio-económicos (porque en aquellos tiempos procuraban menos rentas que por ejemplo: la piratería, el pillaje, las victorias militares) y manejaban así los individuos con violencia y descuido de las vidas.

Metodológicamente  lo  cual  apunto  aquí  **es  la  dificultad  de  las construcciones 'al medio normal y suave del mundo desarrollado del inicio del tercer milenio'**, fuera de lo sencillo (no necesariamente fácil de resolver). Parecería que 'Davos jamás entenderá'; mientras, las márgenes que actualmente se acercan: crisis de la globalización, conflictos mundiales, crisis ecológica(s), las partes productoras del 'medio confuso normal'... por efecto de discriminación y diferenciación aplastante de ciertas distancias y de muchas identidades necesarias, no serán atendidas.

[xxii] Me parece más **útil ver que Smith no pretendía ser un visionario, excelente anticipador**, como hoy se espera de cualquier líder de consorcio capitalista. Dificultad fundamental de un entorno mundial reductor y positivista; que pretende hacer anticipaciones racionales, mejores que los demás o donde todo el 'juego de la jerga' es pretender tener razón, cuando se tienen algunos medios de superioridad.

Descuido tanto en los espectros políticos de derecha como de izquierda. Mejor, de preparase a ser flexible cuando llegaran los efectos adversos. Cuidar, más que dedicar tantos esfuerzos de abstracción para pretender 'haber anticipado bien'.

[xxiii] Uno debe **distinguir la integración** a pasos de '**canibalismo formal**' o sea que integra y remodela sin afectar las identidades de los humanos o los pueblos (convergencia social) **del que 'canibaliza' afectando a los individuos**, por ejemplo cuando concentra o 'racionaliza' (destruyendo sistemas, culturas nativas y personas, sin necesidad). En el mismo sentido, la 'destrucción creativa del capitalismo' de Schumpeter bien podría tener muchos mecanismos: competición que elimina; obsolescencia que acelera los desgastes, flujos exo-energéticos sin reciclar, etc.

[xxiv] Llamó 'identificaciones naturales' todas esas relaciones que uno hace entre variables simbólicas de un modelo aritmético con los asuntos, conceptos, objetos y sujetos reales (y las propiedades empleadas) que pretenden modelizar.

[xxv] De hecho las matemáticas, aunque parezca muy sofisticadas son muy simplificadas para prevenir los solapes, las encierran especialmente los economistas en particiones y formas sencillas asintóticas en límites infinitos. Smith parece consciente de las dificultades. Pero todavía **falta establecer una matemática de solapes compatibles, sinergias y relaciones** (pero manteniendo economía).

[xxvi] Quizás; el buen arte del gobierno es de saber articular en los hechos concretos las '**celdas o módulos fundamentales algo libres**' en las 'tecno-economías de sus redes socio-antropológicas'; sin efectos radicalmente exterminadores. 'Celdas fundamentales algo libres' como humanos actuando y/o reaccionando; grupos o comunidades de trabajo, etc.

Por cierto esa terminología 'cuadripolar' (mejor dicho 'sobre-ob-sub-juntos' de lenguaje son ilustraciones de '**sobsubjuntos sistemas**' con propiedades complementarias. Con frecuencia se compusieron en forma conjunta: 'similar-diferente-complementaria'. O sea tienen algo todos que puede inspirar asociaciones más articuladas en equilibrios dinámicos. Mientras no exageramos las divergencias para realizarlas, para que no quiebran los enlaces esenciales: vidas, dimensiones identidarias esenciales de la gente, etc.

[xxvii] Analizar la historia a la luz de la economía de los estudios históricos es siempre difícil. Tal como es para entender de la revolución industrial capitalista que la higiene saludable no ha podido 'preñar' el medio social y político general mejor, solo pasado la mitad del siglo XIX. Considerando por ejemplo que las **evidencias de la fenomenológica** de buena higiene, como las teorías apropiadas: la observación de la limpieza y de ciertos efectos positivos existían desde antes. Por ejemplo si bien hay animales más grandes que nos pueden comer ¿tan difícil era? de imaginar 'animalitos' muy pequeños que nos pueden enfermar - cuando ya el microscopio veía algo desde muy antes. Los efectos de los microbios y de las medidas sencillas de higiene se habían observado. Bien habían cirujanos menos brutales, más limpios para observar mejores resultados con los heridos y menor mortalidad.

Lo 'hubiera debido haber algo' no es para ningún juicio de valor, sino que, para buscar entender como nuestros pensamientos pueden trabar progresos sean simplemente fenomenológicos y deben abrirse a mejores anticipaciones ¿dejar de buscar la panacea? ¿dejar de deducir todo a un único suficiente? – para

198

pasar a considerar los ingredientes e integrar mejor 'el todo' ¿Sistemas que necesitan respectar estructuras conceptuales de inteligencia colectiva?

xxviii Es fundamental cuidar las diferencias de escalas. Los niveles de escalas o niveles de desarrollo de Smith eran probablemente con sus sueños de producción multitudinaria para resolver la escasez; más que en la idea de la revolución industrial. No es la revolución industrial que tanto interesaba a Smith sino que lo que podía traer en efectos de desarrollo humano. Si bien, es frecuente que se pueda tener 'buena ciencia ficción', es excepcional que uno pueda anticipar la sensatez relativa de los mecanismos individuales socio-técnicos cuando en diferentes escalas y en otras cosas.

O sea en lo muy teórico es cierto que hay construcciones auto-similares pero el 'patrón fractal' se llena de materias complejas de la realidad'. En lo muy práctico de las gestiones humanas, es frecuente que los modos de gestión humana tengan implicaciones diferentes según el nivel de escala a pesar de que muchos pueden tener semejante ilusión 'dictatorial' o 'unificadora'.

xxix Quizás, una palabra más apropiada que la "riqueza" (como se entiende hoy y se creó sin sutileza). El tratamiento de Smith es conceptual aunque muy específico en 'hechos de las observaciones'. Su exposición conceptual parece con frecuencia querer escapar de definiciones demasiado específicas precisas como si entendiendo, que no servirán; cuando el individuo toma y aplica el concepto. O sea, el 'no' encierro las definiciones. Premisa sutil de Smith que fue poca entendida y podría seguir generando, 2 siglos después, muchas equivocaciones. Puede ser, porque el mundo industrial capitalista se hizo menos retóricamente sutil que los maestros artesanos de muchos templos.

Mientras, los 'clientelistas sociales' pretenden a definiciones perfectas, incompatibles con los tratamientos sociales complicados de los humanos. A veces pasaron a formalizarlos en simbolismo exacto matemático que excluye la 'capacidad local de metamorfosis' del concepto. O lo inscriben en una aproximación probabilística que más viene del aparato matemático de simbolización del concepto que expresión de la realidad. Aplican en seguida un algebra '"excluyente". O sea ideal para facilitar los cálculos pero falsa con respecto a alguna algebra esencial de los efectos materiales. De ahí la precisión con imposible buena predicción de los modelos.

Difícil de precisar al lector más, para que pueda totalmente entender esa sola nota. Pero imaginen simplemente una distribución de trocitos de torta donde el mecanismo justo, sinceramente aplicado, de distribución de estos trocitos, con buen criterio de equidad, aparentemente neutro pero jamás leva al determinismo deseado. Mientras; cuando dando una apariencia aleatoria y más económica sin buen criterio determinista, se llega a una asignación más

*Adam Smith a Ojos de Nuevos Mundos*

satisfactoria. El procedimiento aleatorio se vuelve mejor que el 'más justo procedimiento'.

xxx frente a la muerte, ser bravo es un lujo de quienes que arriesgan menos juegan a los 'más elegantes' mientras poniendo más en peligro a los dependientes que tienen menos. El muy famoso (¿pero mito?) 'señores ingleses, tiran las primeros' dicho por este oficial francés muy cortes cuando en una de esta batalla (en tiempos de Smith) ofreciendo las primeras bajas de su batallón a la suerte del tiroteo del batallón enemigo.

Metodológicamente es fundamental empezar a **mostrar que esas formas de entrecruzamientos** no son solo por efecto de oferta y demanda; cuando examinando cualquiera situación. Sin imaginar fuera de la estadística que, por la gracia de los buenos sentimientos, se desaparecen por completo tres articulaciones sobre cuatro, porque 'irracionales'.

Claro existen ciertas certezas, las de verdad es frecuente que se ignoran, las impuestas es frecuentes que no lo son.

xxxi Sin que se trate de hacer la disculpa del Comunismo de Estado (solo notar que tuvo lugar en espacios geográficamente considerables algo vacíos o al contrario muy densamente poblados; sirviendo asi para indicar ciertas formas de planificación o coordinación central). También de tomar en consideración los mecanismos productos por dinámicas históricas, mercados imperfectos, estrategias para preservar, etc. Hay una cierta manera de imaginar en la historia del mundo, dicho libre, que por libertad, los oponentes no deben hacer más que, aceptar su teoría.

Formalmente y metodológicamente de notar que si se simplifica a un "ob-sujeto cuadripolar" (entienden intuitivamente); un mercado perfecto tiene que tener una infinidad de proveedores e infinidad de consumidores; pasando por suficiente diversidad de relaciones de intercambios y equivalente semejanzas para entenderse. Todo esto, por lo menos en cuestiones de intercambios se podría llamar de configuración democrática colectiva o comunismo democrático.

Por naturaleza biológica y físicas pueden existir muchas diferencias entre los individuos. Por efectos socio-económicos es de no ser llevado a un nivel de ergodismo perfecto (indeterminismo absoluto produciendo simple calentamiento y exogénico) ¿Significando esto? - el lector puede concluir: el individualismo perfecto de Smith conlleva un comunismo implícito o menos abruptamente: convergencia hacia la sola antropo-bio-sico-diversidad... ¿bastante suficiente? – sin necesidad de exagerarla con amontonamiento de discriminaciones sociales materiales. La riqueza del reconocimiento de los individuos por los individuos conscientes del mérito de ciertos parece ser más en la mente o utopía de Smith que la acumulación de moneda (metales preciosos en tiempos de Smith).

[xxxii] Esto es un concepto mucho más interesante que la representación hedonista del utilitarismo de Bentham; cuya definición parece pro-adictiva: por medio de retro-alimentación positiva, hasta agotar los circuitos de recompensa cerebrales.
En forma bio-sico-cognitiva los animales son sistemas biológicos abiertos expuestos a la Ley de la entropía. Tienen necesidades metabólicas obligadas, en un mínimo para renovar sus estructuras y mantener sus funciones. Por esto de ser "animados por objetivos ciclicos", con el fin de resolver positivamente la probabilidad de su balance entropía-negentrópico: degradación-reconstrucción.

Cognitivamente los 'impulsos' o motivaciones (de los seres biológicos con mente) de todo tipo tienen este ánimo y el sistema de recompensa cerebral resulta procurar satisfacción del esfuerzo; en especial si el objetivo se logra. Su sistema neuro-mediator (bioquímico) es el de la dopamina (principalmente); mientras otros sub-sistemas menores también traen satisfacción o alivio.

O sea, entre el dúo de observadores naturales sico-social: Adam Smith con David Hume (aunque el primero pueda ser, en segundo plano ingenuo) y el dúo utilitarista tradicional: filosófico-hedonista de Jeremy Bentham o con preferencias y ética con John Stuart Mill; podría ser que el primer dúo inspira mas y es más positivo que el segundo. Pero noten el microsistema 'cuadrático' de "autoría útil" sobre los matices del concepto de utilidad.

[xxxiii] Si bien no hay que hacerse ilusiones sobre el modo (estadístico) de 'pertenecer' a tal o cual 'clase social', modo o nivel de ingresos; metodológicamente la modelización en estructuras sociales es que: si los intervalos en las márgenes y/o interfaces de perfiles son los que mejor pueden informar sobre los intercambios y dinámicas sociales: gente que cambian de perfil, relaciones de intercambios entre perfiles muy separados etc. el problema es ¿cómo conseguir esa información? - si **las matemáticas o contabilidades (econometría) tal como mayoritariamente empleadas tienden a ignorar o descuidar las complicaciones**: observan cortes simples, particiones más que solapes o zonas intermedias; políticas truncadas medidas por cortes a discreción, inconsistencias categóricas hasta el nivel de liderazgo 'clases' sin márgenes de evidencia.

[xxxiv] Para el lector de una sociedad de abundancia tecnológica como la de hoy; se debe concebir esa inmediatez que permite al consumidor obtener sus productos para comprar al instante (en el supermercado) teniendo atrás, todos los procesos industriales. Estos en todas sus divisiones de producción deben

ordenar, planificar, hacer coincidir tras las escalas espaciales (a su vez terrestres y temporales, a su vez en cuestión de horas o minutos sino secundas (robots), con un precio mínimo del servicio al cliente y, con todo esto, garantizar que la 'cascada' o árbol de operaciones tras todas esas dimensiones dispersas sea a costo de perdidas energéticas mínimas, para 'el desarrollo sostenible'.

O sea una red de **redes de muchos tipos de flujos**: materiales, inmateriales, informativas, de decisiones; en el tiempo y espacio productivo mundial que garantice que es 'optima'. Óptima en un sentido de **programación multivariable mezclando linear y no linear** considerando maximizaciones de muchos tipos simultáneamente con minimizaciones (se emplea generalmente para esto el concepto de costos, pero habría mejor que tomar en cuenta los saldos energéticos). Mientras hay gestionaros (un tanto 'extraños') que 'exigen' (o se les exige) que todas las sub-operaciones tengan localmente 'beneficio'. Incluso cuando la utilidad social supone que el sistema sea resiliente, 'se enfrié'. Globalmente con la imposible dificultad de calcular en serio esa suma ideal que pueda satisfacer a todos individuos de la sociedad y tener impacto ambiental mínimo. Esto no se puede universalmente lograr para todos asuntos pertinentes y perteneciendo al subsistema considerado. Lo que es problemático es si la red de todos estos eslabones débiles no tocas a asuntos humanos esenciales. Obviamente, del mundo actual uno solo puede observar que 'si': para numerosas cosas de la globalización.

Mientras los métodos de formulación son algo bien deficientes para captar universalmente esa complejidad al servicio de la 'adición para el consumo fútil de los clientes-reyes (obligatoriamente) engañados'. Dilema de la globalización; ilusiones de reduccionismo mágico perverso. Que aprovecha de todos los artífices del empobrecimiento de las '**indigencias mentales artificiales**': para reforzar los espejismos de la civilización de ganancias masivas mientras asegurando también empleos.

[xxxv] Sistematizadas mucho después de Adam Smith por el Taylor del taylorismo, el ingeniero norteamericano quien produjo une división extrema de las tareas obreras a mismo de entrarlas en una **perfecta trama de supervisión desconfiada de muy simplemente desagregadas operaciones** cuyo optimo se podía calcular y porque "no se podía confiar en una motivación" solo gobernada por el sueldo por rendimiento. Esto a inicio del siglo XX se completó por la organización 'científica' (en realidad cartesiana) del trabajo, conduciendo en especial a las cadenas de montaje de los automóviles de Ford (fordismo).

[xxxvi] La teoría de juegos procura desde 20 años cosas menos simplicistas, en la diversidad de sus modelos; las premisas aparecieron poco después de la segunda guerra mundial con el libro de J. von Neumann y O. Morgenstern.

[xxxvii] O sea; hay alguna probabilidad para que emplea lo que yo llamaría una **construcción auto-similar**, a manera del concepto matemático de 'fractal', salvo que a cada módulo o nivel de escala se va especificándose de algo diferente: trama o estructura auto-similar, cualificación o **especificación diferente**.

[xxxviii] Es como una forma de descubrimiento pareciéndose inversión de imagen en el espejo: de lo del nuevo mundo. En América las enfermedades cargadas por los conquistadores encuentran unas poblaciones inmunológicamente vírgenes y producen un tremendo desastre, difícil de entender, pero que los conquistadores supieron muchas veces emplear como armas bacteriológicas. Mientras cuando la revolución industrial en Europa que hacina, en las márgenes pobres de las ciudades los campesinos expulsados o empujados por miseria para convertirlos en mano de obra barata, explotados, desnutridos en condiciones tales que por efecto de defensas inmunitarias muy afectadas, prosperan las enfermedades infecciosas comunes. Incluso sobre las cuales se podían tener suficiente conocimiento para hacer algo...aún más culpable porque Europa tenían suficientes antecedentes históricos para anticipar.

Lo que aquí, metodológicamente, quiero apuntar es hacia la **falta de lectura analógicas y la falta de investigación con respecto a las precauciones** que eran posible. Mucha mala literatura se pudo escribir (menos mal había que aprender) cuando el siglo de Adam Smith. Asi de tal o cual manual o experiencia de agricultura razonada. Muchas obras morales pero poco sobre efectos adversos sea como para inventar una antropología rural (tal como a partir de la obra de Fergusson de 1767 o como para una higiene ambiental). No hubo cosas muy esenciales aunque Adam Smith hubiera podido servir de modelo en esa premisa. Mientras si hubo obras de filosofía 'determinista' o políticas. Es curioso de ver hasta qué punto obras (no malas) pudieron perdurar tras los siglos sin ser revisadas, en especial de cosas científicas; mientras hay proliferación de obras morales.

Obras genéricas (como la de Smith) tienden más a producir seguidores poco extraordinarios, en lapsos de tiempo algo largo, más que emulación de obras con semejante calidad en registros de apoyo complementario... Por ejemplo en el mismo registro y precisamente al interface urbano-rural que era tan importante para Smith mismo, podría encontrarse en la obra de von Thünen, casi siglo después, en región bien diferente. Quizás pudiendo verse como empobrecimiento con respecto al legado de Smith: las obras de Say y/o de Ricardo que más buscaron clausurar el registro con principios precisos (eventualmente esquivados por Smith). Obra con semejante nivel comprensivo, pero requiriendo ser crítica y rectificativa con el Capital de Marx.

*Adam Smith a Ojos de Nuevos Mundos*

xxxix Esa 'anticipación de la incertidumbre' o 'intervalo borroso de por medio' siendo; a su vez una evaluación personal de la **necesidad de márgenes de variación con vaivenes de acciones-reacciones.** Debiendo además permitir recursiones sobre las precauciones. Pero lastimosamente, en modelización matemática-económica no es de esa manera con que se tratan, esos intervalos (como márgenes de inflexiones potenciales), sino como márgenes débiles o de error para cortar y descartar.

xl El problema de la cualitativo que 'desliza sin resbalar' (transiciones alisadas) de conceptos sobre las definiciones, que Smith, parece asumir mejor que muchos economistas políticos o cientistas sociales de hoy. O sea, hoy en día se parece desgastar mucho tiempo buscando **perfectas definiciones 'abstractas' (anti-fenomenológicas)** seguidas por unas aproximaciones de convergencia de soluciones de ecuaciones: exponencial y asintótico; pero ignorando los diferentes estados del sujeto y las conversiones y convertibilidades que operan naturalmente.

Vemos con esto la **aceleración tremenda del desgaste de un stock energético que revierta los indicadores de conceptos claves.** A tal manera que: lo que parecía no poder ocurrir ocurre; lo previsto desvanece; los criterios ya no se pueden aplicar; el ideal previo positivo se convierte en una catástrofe negativa. Esa ignorancia contribuyendo a que las precauciones siempre en esencia son ignoradas. Las bifurcaciones, no linealidades o las complejidades aparecen cuando justamente se pretendía haberlas resueltas. Ejemplos actuales de esto son las crisis financieras que la liberación de los mercados financieros pretendía desaparecer se regenero como problema bajo el nuevo termino de "volatilidad". El cual disculparía del fracaso.

xli Artífice fundamental de los juegos económicos, 'doble clics' específicos/globales, integración/derivación, selectivo/generalizado o universal/contextual de las condiciones a conveniencia del 'director o manipulador de las reglas'. Haciendo más frágil, cualquiera construcción democrática o cualquier respecto cultural, imposibles.

xlii Cierta trama analítica que podríamos decir de 'flujo-gramática web' del proceder Smith-Marx, tiene que aplicarse mejor para volverse un pilar analítico de policía económica. Una segunda seria donde Marx-Engels podrían tener buena contribución (materialismo y teoría de relaciones socio-político-económicas) pero, donde es necesario 'evitar' de los formales de Marx (y hacer evolucionar el cálculo marginal) para dirigirse a unas ramificaciones '**en red dinámicas de economía-ecológica-energética**', que Marx presumió pero descarto; por no entender los errores del que la propuesta de Podolinski (lean Martinez-Alier o Passet al respecto).

Otro tercero registro analítico debe antagonizar o rectificar, dentro de los procederes derivados, por efectos de los recortes, neoliberales o liberales que incapacitaron a Smith. Pero también en el proceder Kantiano-Marxista: dialéctica implementada a nivel de grupos democráticos. Requiriendo por lo tanto de ser como inducciones e impulsiones operativas (más que como expuestas para que delegan y dimiten de su ciudadanía. Mientras que, lo que pasó históricamente al respecto de las inercias dialécticas ideológicas, produjo demasiados sacrificios de gente y ambientes ecológicos.

O sea, si bien no se trata de juzgar, ignorar al observar que las movilizaciones de masas, tal como se practicaron bajo otros cielos con los nombres de Marx y Engels con Lenin, Trotski, Mao etc. no fueron 'felices'. No cambia que haya necesidad de formas de comunicaciones de masas un tanto menos 'grotescas' que muchas de los mundos dichos democráticos. Hay una necesidad de modelos movilizadores que podríamos sugerir: participativos, no deterministas y soportados: **obras colectivas de construcciones democráticas**.

[xliii] Este concepto de las discrepancias que regresan o volverán a pasar por el punto fijo (o central), a discreción de las ecuaciones deterministas o 'no se sabe cuándo' de las ecuaciones no deterministas (estocásticas) pero pudiendo tener alguna zona de coincidencia. Zona de coincidencia en asuntos complejos, donde se puede esperar **sincronizar la unidad compleja**. Quedando para ajustar, alguna capacidad de sincronización de los nodos principales ¿podrían ser estos los conceptos intuidos por o necesarios a Smith? - para que funcionen sus conceptos implícitos de equilibrio y de mano invisible.

[xliv] Es obvio que los mercados financieros modernos, a su vez, con recursos de información considerables, están ordenados para **excluir del juego** tanto a los consumidores finales (bastan promedios estadísticos más o menos manipulados) y muchas veces también, someter los productores originales (en una red de intermediación de servicios financieros). Esto, no solamente para los fines de la planificación anticipada de las cantidades y valores a larga escala sino también; para facilitar la intermediación, sus sesgos y las remuneraciones de sus supuestos servicios.

Difícil saber cómo Smith hubiera visto esta extensión de intermediación financiera virtual. Su pragmatismo es muy materialista ¿Hubiera ignorado la complicación y el sesgo de las relaciones, aceptado la construcción de monopolios especulativos? Que estaban más facilmente vistos en su época en Londres. Pero el manifestó sus preferencias para los mercados urbano-rurales de su entorno escoces.

xlv Noten la economía atlántica de los veleros de carga que **a la larga representan ventajas relativas**: ir en América aprovechaba de los vientos alisios, en ciertos periodos a partir de las islas canarias que llevaban hasta el Caribe, celda (de vientos) girando en el sentido horario llevando a las costas venezolanas y hasta Cartagena de las Indias (actual Colombia) remontando después a la Habana para regresar a Europa sea por la vía medio atlántica más arriba del triángulo de las Bermudas hasta Galicia o mejor más al norte pasando desde la Florida a lo largo de Nueva Inglaterra hasta el mar de Irlanda. Economía del transporte, que hubiera escogido otras mercancías que las armas para conquistar, capturar y armar, transportar los hombres de África, encadenados para morir muchos en el camino, cultivar y extraer...la plata Mesoamericana, algo menos oro de América del Sur; valores intangibles pero pesadas del Nuevo Mundo, azúcar del Caribe, todos productos del trabajo forzado, para nutrir la opulencia de las potencias europeas y fortalecer sus necesidades de guerras y de exterminaciones masivas.

xlvi Formalmente, de ver algo como la construcción de **gradas (meta-estables) y niveles críticos de transición** en la acumulación, generalmente las revoluciones tecnológicas en especial del aprovechamiento de los stocks energéticos. Mientras para Escocia parecen haber ciertos impedimentos industriales que se resuelven mejor en la segunda parte del siglo XIX que permitirán tomar lo mejor del auge industrial.

xlvii Claro, es de ver la ambigüedad eventualmente necesaria: uno propone un sistema mínimo; en seguida, espera que la interpretación tenga flexibilidad y pueda encajar con el manual mínimo propuesto. Pero esto, quizás, más valida la obra o su modelo. Alternativamente uno procura un compendio y en seguida lo deja 'abierto' y amplía a medida de los nuevos hechos. Esto en caso de una propuesta social es interdependiente de un sistema de aplicación de la Justicia.

O sea lo que es válido en un sistema de Common Law se puede deber interpretar, 'al revés' en un sistema de Derecho Romano-Germánico. En el primero uno tiene núcleo (el concepto legal) y la expansión lo asegura los compendios de jurisprudencia (los casos) en el segundo caso la Ley (todopoderosa) puede ser larga y detallada y tratar de sintetizarse en procesos de codificación, la jurisprudencia mucho menos importante.

En ambos casos deficiencias **siempre incompletas**: un arte de la retórica judicial que puede ser muy injusta, como a discreción de los recursos económicos para lograr sesgar el jurado. Caso del sistema de Common Law: Smith pero con su sistema complementario de justicia equitativa, eventualmente anti-empáticas. Sistema liberal bien desconectado de las realidades de su imperialismo: burocráticamente disfuncional de un sistema que se cree perfecto, en su laberinto kafkiano dorado: el individuo desaparece en este laberinto.

xlviii En términos de criterios de justicia económica moderna, podemos imaginar que Smith es en primer lugar: **Pareto** ('se puede tanto que no dañe a ningún) y **prontamente correctivo** si alguna regla se evidencia inapropiada o injusta. El criterio que sigue seria de Hicks-Khaldor-Scitovski (criterio **compensatorio**) implícito de su principio de responsabilidad, cuando el individuo es afectado.

En cuanto al paso de uno al otro no parece tanto un problema, si considerando que no podría ser partidario de la impunidad del Estado. Al mismo considera tanto; circunstancias de irresponsabilidad así como la necesidad de transparencia del derecho y valor educativa. Responsabilidad del Estado, con respecto a la educación de los pobres y la relativa al conocimiento y la comprensión de la Ley por ellos.

xlix Aproximación tanto del individuo y de su trabajo desde su punto de vista (no desde afuera como alguna **'caja negra cibernética'**) como en otro nivel de la empresa en su unidad de producción. Tal como actualmente los sico-sociólogos, agro-economistas, ergónomos) pudieron inventarlo en su registro, **de psicología social de una persona y un grupo; de unidad agro-productiva en agronomía o de taller o sistema hombre-máquina para el ergónomo.**

También hay, me parece, haber buenas razones para pensar que Adam Smith bien tenía en la mente los **diferentes niveles** de personas y conceptos como **módulos** o 'perfiles o patrones' (patterns subjetivos). Esto explicaría porque esperando creer en los humanos no se preocupó mucho de las construcciones intermedias: clanes, estructuras, clases, o el esquivo voluntariamente, viendo cómo se comportaban tradicionalmente, etc.

l Hay un imperativo todavía muy mal satisfecho, de una economía de sociedades humanas que se respetan ¿culpa de la revolución neoliberal? - no es tan simple, los que siguieron esa misma 'revolución' como cómplices sin fé tienen mucha culpa. Los neoliberales tenían semejante ilusión sobre un individualismo positivo tal como Smith, pero 2 siglos después de él esto fue absurdo. Smith tenía más claras que ellos algunas premisas y de pensar que hubiera reaccionado.

Cuidado con lo de inscribirse en unas estructuras proporcionadas, no por ilusiones de **beneficios especulativos extremistas;  a costa de más desorden social o ambiental**. Como con una fenomenología consistente de perturbaciones producidas con los sustracciones y relargos termodinámicos en ecosistemas ya muy afectados, descuidados aún más por utopías financieras discapacitadas, discapacitando, mis-especificadas y mistificando.

[ii] Esto se asemeja a los que ocurre con redes de la teoría matemática de grafos complejos. Aglutinación espontanea de nodos (supuestamente independientes); flujos repasando por los **nodos centro-conectados** ('hub'). Puntos fijos (dinámicos) y auto determinados, llevando a que, cuando operando en las realidades todos que tengan poder y puedan hacer negocios, consigan beneficios inflacionarios ¿sobre determinando exageraciones?

[iiiii] La **compulsión organizada alrededor de alguna ambición unitaria no es mala si la ambición vale la pena para todos** (y busca tolerar activamente los diferentes). Viendo así por ejemplo un proyecto de sociedad o de contrato social o una coyuntura feliz para cultivar la esperanza de Smith parecía haber sido la del consumo de todos y amor a los prójimos.

[iiii] Por cierto esa '**autofagia societal**' (o canibalismo social) tiene fundamentos termodinámicos bien claros; pero no siendo parte política sino que entorno ecológico y geográfico condicionando las ventajas relativas. De la misma manera que muchas bases de la economía formal y real (eco-ambiental) tienen estos fundamentos, pero los ignoran; mientras podrían necesitar formulaciones más explicitas en sus modelos. En vez de estas sopas de letras matemáticas deconstructivas que la econometría procura hoy en día diciendo algo sin saber mucho como y que.

[iiv] Es frecuente que por efecto de perspectiva o de cambios de situación o de periodo; uno deba intercambiar el estado o el modelo, con respecto a la situación concreta. Así de **revertir y pasar** en los modelos **de núcleo a entorno o de entorno a núcleo** y ajustar las ideas y expresiones; primal-dual en un concepto de realidad compleja, base de cualquiera metodología.

[iv] De hecho las paradojas sistémicas de los recortes poco cuidados, se hacen generalmente al hilo de la **navaja de Occam**. O sea donde le pensador sutil pierde en efecto y potencial de sostenibilidad; porque los traductores, seguidores o ejecutivos no 'tienen tiempo' para examinar las condiciones que el autor de la propuesta eventualmente indico y cortan para retomar, lo brutal porque se hizo lo mínimo y ni se cuido lo complejo ni las externalidades.